KB004547

디자인씽킹으로
일 잘하는 방법

디자인씽킹으로
일 잘하는 방법

창의적 인재들은
왜 디자인씽킹으로 일하는가

김형숙, 김경수, 봉현철 지음

책을 펴내는 일은 항상 두려운 일이다. 수많은 서점에 쌓여 있는 엄청난 양의 책들에 보태어 또 한 권의 책을 내는 것이 진정으로 필요한가를 결정하는 것에서부터 어떤 내용을 어떤 순서로 어떻게 표현해야 독자들에게 누를 끼치지 않을 것인가를 고민하는 것에 이르기까지 모든 작업이 결코 녹록치 않은 일이기 때문이다.

강소기업의 CEO이자 지난 10여 년 동안 기업과 공공기관의 문제해결과 핵심 인재 육성을 도와온 컨설턴트로서(김형숙), 입사 이래 크고 작은 프로젝트에 주도적으로 참여했고 회사 내에 디자인씽킹을 보급하기 위해 혼신의 힘을 다하고 있는 직장인으로서(김경수), 그리고 지난 17년여 동안 액션러닝의 이론적 정착과 확산에 몰입해온 실천적 경영학자로서(봉현철), 우리는 오매불망 보다 효과적이고 경제적인 문제해결 방법론, 즉 일 잘하는 방법을 찾고, 개발하고, 적용하고, 성찰해왔다. 그동안의 경험을 토대로 우리는 디자인씽킹이야말로 점점 더 복잡해지고 난해해지는 문제를 해결해야 하는 기업과 공공기관 직원들, 그리고 곧 그 조직에 몸담게 될 학생들과 그들을 가르치는 선생님들에게 꼭 필요한 방법론이라는 결론에 도달했다. 그래서 우리는 이 책을 쓰기로 결심했다.

우리는 디자인씽킹이 논리적 분석을 토대로 하는 다른 여러 가지 문제해결 방법론과 비교할 때 보다 인간적이고 창의적이며 경제적인 방법이라고 생각한다.

첫째, 인간본위의 문제해결 방법론이다. 디자인씽킹은 사용자를 유사한 인구통계학적 특성을 가진 사람들의 집단으로 보는 것이 아니라 저마다의 독특한 생각과 감정을 가진 인간으로 본다.

둘째, 창의적이고 직관적이다. 디자인씽킹은 논리적 분석보다는 창의적 직관을 중시한다.

셋째, 빠른 실패와 그로부터의 학습을 중시한다. 디자인씽킹은 처음부터 완벽한 해결방안을 추구하기보다 빠르게 실패하고 수많은 작은 실패에서 교훈을 얻어 보다 완벽한 해결책을 만들어간다.

우리는 이러한 철학을 지닌 디자인씽킹이 점점 더 복잡해는 우리 사회 전반의 문제를 해결하기 위한 강력한 대안이라고 확신한다. 일일이 나열하기는 어렵겠지만 우리 생각에 디자인씽킹 방법론을 필요로 하는 사람은 다음과 같은 이들이라고 판단된다.

— 6시그마를 필두로 한 논리적 문제해결 프로세스에 능숙한 분들
— 다른 사람들의 문제해결과 소통을 돕는 것을 주업으로 하는 분들,
  예를 들어 컨설턴트 혹은 퍼실리테이터
— 기업과 공공기관의 CEO를 비롯한 각급 부서장과 리더
— 기업 또는 공공기관의 기획, 관리, R&D, 생산, 영업, 마케팅 등의 분야
  에서 각종 문제해결 프로젝트에 참가하는 분들
— 대학교를 비롯한 각 학교에서 학생들에게 문제해결 방법론을 가르치
  는 선생님
— 취업을 위한, 소위 '스펙'을 쌓기 위해 각종 공모전에 참가하는 대학생

우리가 이 책을 쓴 목적은 바로 이런 분들이 디자인씽킹의 절차와 방법,
그리고 도구들을 효과적으로 사용해서 조직과 본인의 문제를 인간본위로,
창의적으로, 그리고 경제적으로 해결할 수 있도록 돕기 위함이다. 이 목적
을 달성하기 위하여 우리는 이 책을 쓸 때 '실생활 활용 가능'이라는 대원칙
아래 다음의 3가지 원칙을 지키려 노력했다.

첫째, 쉽게 쓴다. 지식의 저주에서 탈출한다. 지식의 저주란 아주 단순한
것이라도 그것을 알고 있는 사람은 모르고 있는 사람의 심정을 절대로
이해하지 못한다는, 그래서 지식 있는 사람은 저주를 받은 것이라는 의
미이다.

둘째, 구슬 꿰는 방법을 설명한다. 현존하는 책들이 — 따로 국밥처럼 — 제
공하는 수많은 방법과 도구를 언제, 어떤 국면에서, 어떻게 활용하면 될지
디자인씽킹의 위력을 독자들이 실생활에서 경험할 수 있도록 설명한다.

셋째, A부터 Z까지 일목요연하게 보여준다. 디자인 프로젝트의 배경과 목적을 이해하고 정의하는 것에서부터, 사용자 경험을 관찰하고 해결 아이디어를 내서 빠르게 해결대안(시안)을 만드는 것, 그리고 테스트를 거쳐서 최종 완성에 이르기까지의 전체 과정을 가능한 한 다양한 종류의 프로젝트를 예로 들어서 설명한다. 독자가 나무만 보고 숲을 보지 못하는 오류를 범하지 않도록 하기 위함이다.

이런 3가지 원칙에 입각하여 책을 썼기 때문에 우리는 독자들이 디자인씽킹의 사용방법과 절차에 매몰되지 않으면서 주어진 상황에 적절하게 변용하여 활용할 것이라 굳게 믿고 있다.

감사의 글

언제나 그렇듯이 이 책도 우리 세 사람만의 힘만으론 절대로 세상의 빛을 볼 수 없었을 것이다. 먼저 시대의 흐름 속에서 디자인씽킹의 필요성과 가능성을 예리하게 파악하고 우리 세 사람을 연결하여 책을 쓰도록 동기부여한 다음 마지막 순간까지 주밀하게 챙겨주신 초록비책공방 윤주용 대표님께 진심으로 감사드린다. 다음으로 이 책의 1부에 소개한 우리나라 디자인씽킹 사례의 주역들을 빼놓을 수 없다.

첫째, 광주광역시 광산구청의 민형배 구청장님과 김양숙 과장님, 그리고 김선진 주무관님과 안샛별 주무관님의 의사결정과 세심한 운영이 있었기에 영웅본색 팀원들이 감동적인 스토리를 써 내려갈 수 있었다. 모든 분께 감사드린다.

둘째, SK 플래닛 HCI^{Human Centerd Innovation} 팀원들에게 큰 감사를 드린다. 팀 이름 그대로 인간 중심의 혁신을 추구하기 위해 디자인씽킹 기반의 수많은 프로젝트를 수행해왔다. 그 속에서 사용자를 공감하고 깊이 있는 인사이트를 찾기 위해 늦은 밤까지 함께했던 동료들, 그리고 바쁜 중에도 끊임없이 역량을 향상시키기 위해 다양한 방법론과 사례를 스터디했던 시간들. 이런 활동들이 O2O와 석션칫솔 사례를 정리하는 데 큰 도움이 되었다.

셋째, 2017년 1학기 전북대학교 경영학과의 '창의력 문제해결' 수업에 참가하여 작은 드라이플라워숍이 갖고 있던 문제를 창의적으로 해결한 김도연, 런쉬에(중국), 박재진, 정동규, 조형범 학생들에게 칭찬과 감사의 마음을 전한다.

끝으로 책의 본문에 실린 (익명의) A마트 프로젝트를 가능케 하고 독자들의 이해와 학습을 돕기 위해 사례의 사용을 기꺼이 승락해주신 A마트와 관련 담당자분들께 진심으로 감사의 말씀을 드린다.

김형숙, 김경수, 봉현철

디자인씽킹이란 디자이너들의 생각하는 방식, 또는 디자이너들이 일하는 방식을 말한다. 일반적인 회사나 공공부문의 기관에 근무하는 사람들이 일하는 방식을 일컫는 비즈니스씽킹과 대비되는 표현이라 할 수 있다. 그렇다면 이 둘은 어떻게 다른가?

예를 들어 10년 후에 일어날 소매시장의 변화를 예측하고 이에 대한 회사의 대응방안을 모색해야 하는 과제가 주어졌을 때, 비즈니스씽킹과 디자인씽킹으로 문제해결 대안을 찾으려는 두 집단을 각각 비교해보자.

비즈니스씽킹을 사용하는 A팀은 먼저 해당 시장의 환경변화를 예측하기 위해 전략경영에서 흔히 사용하는 PEST 기법을 활용하려 할 것이다. 즉 정치적 변화Political, 경제적 변화Economic, 사회적 변화Social, 기술적 변화Technological

에 관한 트렌드를 분석하고 해당 산업의 전문가들을 인터뷰할 것이다. 또한 해당 산업에서의 우수 사례, 소위 베스트 프랙티스Best Practice를 조사하고 경쟁업체의 동향을 분석하여 각종 통계자료와 완벽한 추진전략, 그리고 향후 10년간의 단계별 실행계획을 담은 파워포인트 보고서를 만들 것이다.

반면 디자인씽킹으로 문제를 해결하려는 B팀은 이와는 상당히 다른 접근방식을 사용할 것이다. 그들도 물론 향후 10년 간의 트렌드를 분석하겠지만, 각종 통계 자료를 담은 엑셀 시트를 만들기보다는 미래에 실현 가능한 시나리오를 개발할 것이다. 또한 이들은 전문가를 만나는 대신 해당 산업의 매장을 돌아다니면서 특정 고객의 쇼핑 경험을 관찰하고 매장 직원들과 심층 인터뷰를 진행할 것이다. 몇 가지 유형의 가상인물을 만들어서 향후 10년 간 벌어질 이들의 삶의 변화와 이에 따른 구매 습관의 변화를 토대로 시나리오를 보다 생생하게 꾸밀 것이다.

그리고 미래의 잠재 고객들을 초대해서 식사를 제공한 후 '미래의 소매 매장'에 관한 브레인스토밍을 진행하고, 그 결과를 토대로 몇 가지 콘셉트를 구성하여 프로토타입으로 만든 다음, 그들이 만든 프로토타입에 대하여 실제 고객과 관련자들로부터 생생한 피드백을 얻으려 할 것이다. 그리고 그 결과를 시각화하여 경영층에게 보고할 것이다.[1]

위의 예시에서 보는 것처럼 디자인씽킹으로 일하는 사람들은 분석보다는 공감, 논리보다는 창의적 아이디어, 완벽추구보다는 반복 실행과 학습을 중요시한다. 즉 디자인씽킹은 공감과 창의 그리고 반복 실행과 학습을 중요시하는 사고방식이자 일하는 방식을 말한다.

주지하는 바와 같이 최근 들어 디자인씽킹은 미국과 유럽 각국, 일본 등

선진국에서뿐만 아니라 우리나라에서도 유행처럼 번지고 있다. 그 이유는 무엇일까? 한 마디로 말하면 우리가 직면한 문제의 성격이 변화했기 때문이다. 과거 수십년 동안 기업 또는 공공기관이 해결해야 했던 문제들은 비교적 정형화될 수 있는 과거지향적 성격이었던 반면, 기술과 경쟁환경의 변화가 극심한 제4차 산업혁명 시대의 문제들은 과거에는 한 번도 경험하지 못했던 비정형적이고 미래지향적 성격을 띠고 있기 때문이다. 또한 전자의 정형적 문제를 해결하는 데 적합한 방법론들이 과거 수십 년 동안 수많은 — 논리적 사고와 분석기법들에 능한 — 경영학자들과 컨설턴트들에 의해 개발되어온 것은 사실이지만 이러한 방법론들이 후자의 비정형적 문제를 해결하는 데는 부적합한 것으로 판명되었기 때문이다.

비유하자면 정형적 문제는 '북한 핵 미사일 위치 파악하기'이고, 비정형적 문제는 '한반도 비핵화'와 같다. '북한 핵 미사일 위치 파악하기'와 같은 정형적 문제는 GPS와 같은 첨단기술이 있으면 해결할 수 있으나 '한반도 비핵화'라는 비정형적 문제는 첨단기술 그 이상의 무엇이 있어야 해결이 가능하다. 수많은 이해관계자들의 요구를 공감해야 하고, 제한된 자원으로 최대의 성과를 내기 위한 창의적 아이디어를 내야 하며, 해결책을 향해 다양한 방법을 끊임없이 실행하고 학습하는 과정, 즉 디자인씽킹이 필요한 것이다.

바로 이런 의미에서 우리는 디자인씽킹이야말로 최근 우리나라 기업과 공공기관 리더들이 그처럼 애타게 찾고 있는 '일 잘하는 방법(일잘법)'이라고 생각한다. 디지털 트랜스포메이션Digital Transformation(디지털 기술을 비즈니스 모든 영역에 통합하여 비즈니스 운영 방식과 고객에게 가치를 제공하는 방식을 변화시키는 것)으로 대표되는 4차 산업혁명 시대에는 거의 모든 정형적 문제뿐만 아니라 바둑과 무인주행과 같은 비정형적 문제마저 인공지능을 갖춘 로봇들이 처리하게 될 것이다. 이런 시대에 인간에게 필요한 것은 비정형적 문제를 보다 창의적으로 해결하는 능력, 즉 일잘법이고 그 대표적인 접근방법이 바로 디자인씽킹인 것이다.

서문에서 밝힌 것처럼 우리가 이 책을 쓴 목적은 디자인씽킹의 정의와 필요성 등을 이론적으로 또는 거시적 관점에서 논하고자 함이 절대 아니다. 이에 대한 자세한 설명과 사례를 담은 책들은 서점과 도서관에 이미 넘쳐난다. 우리가 이 책을 쓴 이유는 오늘날 독자에게 절실하게 필요한 것이 일터에서 직면한 비정형적이고 미래지향적인 문제를 어떻게 해결해야 할지에 대한 구체적인 절차와 방법이라는 생각 때문이다. 우리 중 두 사람(김형숙, 봉현철)이 2016년에 번역했던 《디자인씽킹, 경영을 바꾸다》라는 책을 읽은 독자들은 입을 모아 다음의 3가지를 요구했다.

첫째, 한국 사람들이 작은 기업 또는 기관에서 디자인씽킹을 적용한 사례를 알고 싶다.

둘째, 한 가지 프로젝트를 해결하기 위해 디자인씽킹 프로세스의 각 단계를 거치는 과정을, 소위 A부터 Z까지 일관성있게 보여달라.

셋째, 저자들의 경험을 토대로 각 단계에서 쓰이는 기법과 도구들을 활용하는 구체적인 방법과 활용 시 유의사항을 가능한 한 상세하게 설명해달라. 그래야 보통의 직장인들도 디자인씽킹을 머리로만 이해하는 것이 아니라 실제 업무 현장에서 활용해볼 수 있지 않겠는가.

이러한 독자의 요구에 충실히 부응하기 위해 우리는 1부에 우리가 직접 경험한 네 개의 사례와 외국 사례이지만 디자인씽킹 프로세스의 진수를 담고 있다고 판단되는 두 개의 사례를 가능한 한 상세하게 기술했다.

사례를 선택함에 있어 대기업에만 치우치지 않고 공공기관과 비영리단체, 그리고 소상공인이 경영하는 작은 가게에서 대학생들이 수행한 프로젝트까지 되도록 다양한 조직의 경험을 담으려고 노력했다.

프로세스의 A부터 Z까지를 보여달라는 독자들의 요구에 부응하기 위해 1부에 소개한 6개의 사례는 모두 고객공감에서부터 실행에 이르는 전 과정을 담고 있다. 하지만 각 사례에서 보이는 주안점은 조금씩 다를 것이다. 그 이유는 아마도 장님 여러 명이 코끼리를 만진 후 서로 다르게 묘사하는 것처럼 사례를 기술하는 우리 세 사람의 관점이 서로 다르기 때문이다.

그러나 우리는 각 사례의 주안점이 서로 다르다는 사실의 근본적인 이유가 디자인씽킹의 본질과 깊은 관련이 있다고 믿는다. 디자인씽킹의 목적은 비정형적 문제를 풀어내는 것이지, 4단계 또는 6단계로 구성된 프로세스를 단계별로 충실하게 밟아나가는 것이 아니기 때문이다. 또한 비정형적 문제들은 그 정의가 말해주듯, 본질적으로는 서로가 모두 다르기 때문에 문제를 해결하는 절차와 방법이 같을 수 없기 때문이다. 6개의 사례를 통해 디자인씽킹이 실무 현장에서 어떻게 활용되는지 구체적인 모습과 절차를 이해하게 된 독자들은 아마도 다음과 같은 의문이 생길 것이다.

"그럼 이제 어떻게 해야 하지?"

이 질문에 답하기 위해 우리는 2부에서부터 6부까지 디자인씽킹 프로세스의 각 단계별 진행 방법, 그리고 이때 활용할 만한 도구를 설명했다. 이때도 우리는 대형 할인마트인 A마트가 주말의 바쁜 시간대에 계산대 부근에서의 고객만족도를 향상시키기 위해 디자인씽킹을 활용해서 성공했던 실제 사례를 중심으로 'A부터 Z까지' 최대한 알기 쉽게 설명하려고 노력했다.

A마트의 사례는 우리 중 한 사람(김형숙)이 실제로 수행했던 프로젝트이지만 고객사의 요청에 따라 익명을 쓰기로 했음을 양해해주기 바란다. 또한 이 책에서 설명하는 디자인씽킹 프로세스와 실제 프로젝트의 프로세스가 대동소이하긴 하지만 완전히 같지 않다는 점과, 필요한 경우 실제 프로젝트에서는 존재하지 않았던 데이터와 절차를 추가하기도 했다는 점을 미리 밝혀둔다.

디자인씽킹 프로세스는 이를 개발한 기관 또는 저자에 따라 4단계부터 6단계까지 다양한 형태를 띠고 있다. 예를 들어 우리가 번역한 책《디자인씽킹, 경영을 바꾸다》의 저자인 진 리드카와 팀 오길비는 다음과 같은 4단계 프로세스를 제시하고 있다.

1단계 무엇이 보이는가What is? ➡ **2단계** 무엇이 떠오르는가What if? ➡
3단계 무엇이 끌리는가What wows? ➡ **4단계** 무엇이 통하는가What works?

스탠포드 대학교의 D스쿨은 5단계로 디자인씽킹 프로세스를 설명한다.

1단계 공감Empathize ➡ **2단계** 정의Define ➡ **3단계** 아이디어 도출Ideate ➡ **4단계** 시제품·시안제작Prototype ➡ **5단계** 시험Test

반면 세계적인 디자인 전문회사 IDEO 사는 6단계로 구성된 디자인씽킹 프로세스를 활용하고 있는 것으로 보인다.

1단계 관찰Obsevation ➡ **2단계** 아이디어 도출Ideation ➡ **3단계** 신속한 시제품 · 시안 개발Papid Prototyping ➡ **4단계** 사용자 피드백 수렴User Feedback ➡

5단계 반복 실험Iteration ➡ **6단계** 적용Implementation

우리는 위의 3가지 프로세스를 참고하되, 다른 한편으로는 우리가 이 책을 쓴 목적에 충실하기 위해 디자인씽킹 프로세스 중 고객공감(3부), 문제정의(4부), 아이디어 도출과 콘셉트 개발(5부)을 좀 더 상세히 설명하고, 프로토타입 제작과 테스트(6부)는 간략하게 담기로 결정했다.

진 리드카와 팀 오길비의 '무엇이 통하는가', D스쿨의 '시험', IDEO 사의 '반복실험'과 '적용' 단계는 프로토타입을 제작한 후에 그 타당성을 고객과 시장을 대상으로 검증하는 디자인 프로젝트의 마지막 단계로서 매우 중요한 과정임에 틀림없다. 다만 이 단계에서는 "여러분과 조직의 자원이 허락하는 한 최대한 많이 실험하고 그 과정에서 얻은 시사점과 교훈을 반영하여 보다 완벽한 제품과 서비스를 완성하세요."라는 조언밖에는 특별한 비결이 없다고 판단했기에 다른 단계에 비해 설명을 간략히 했다.

이 책을 활용하는 방법에 관한 조언을 좀 더 하자면, 이 책에 담긴 각종 기법과 도구를 노련한 목수의 연장상자 속 연장들, 예를 들어 톱, 끌, 정, 망치 등이라고 생각해달라는 것이다. 즉 어떤 문제에 식년했을 때 디자인씽킹 프로세스의 1단계부터 4(5 또는 6)단계까지 순서대로 적용하려 하기보다는 그 문제의 특성에 맞게 기법과 도구를 자유롭게 선택하라는 것이다(목수가 만들고자 하는 제품의 종류에 따라 자신의 연장 사용 순서를 상황에 맞게 결정하듯이). 또한 노련한 목수가 일하는 것처럼 자신의 연장상자에 들어 있는 연장만 고집하지 말고 필요에 따라 다른 목수, 혹은 전혀 다른 일을 하는 작업공의 연장을 빌려 쓸 줄도 알아야 한다는 것이다.

바로 이런 방식, 즉 주어진 문제를 효과적으로 해결하기 위하여 자신이 알고 있는 이론과 지식, 방법과 도구들을 그때그때 처한 상황에 맞게 유연하게 활용하는 방식이야말로 우리가 그동안 만났던 '일 잘하는' 사람들의 공통적인 특징이었다. 즉 이 시대가 요구하는 '일잘법'은 디자인씽킹, 6시그마, 맥킨지식 논리적 문제해결, 스프린트Sprint, 애자일Agile 등의 방법론에 매몰되어 모든 사안에 그 방식을 적용하려는 경직된 태도가 아니라, 문제의 본질을 파악하고 거기에 적합한 절차와 도구를 적절히 조합하는 유연한 사고방식에서 출발하는 것이다.

이 책에서 설명하는 여러 가지 방법과 도구를 여러분 각자가 이미 가지고 있는 연장상자에 추가하여 궁극적으로 여러분이 해결하고자 하는 문제를 보다 완벽하게 해결하길 바란다. 이를 통해 여러분의 창의적 문제해결 능력, 즉 '일 잘하는 능력'이 향상되었다면 우리에게 그보다 기쁜 일은 없을 것이다.

DESIGN THINKING FOR YOU

1부

일 잘하는 사람들은
디자인씽킹으로 일한다

프롤로그에서 설명한 바와 같이 우리는 독자에게 디자인씽킹의 실체를 가능한 한 상세하게 보여주기 위해 우리가 직접 참여해서 수행했던 프로젝트의 결과를 사례 형태로 제시하고자 한다. 외국 사례로는 기존 문헌에 소개되어 있는 사례들 중에서 비교적 상세하게 기술된 것 중에서 두 개를 엄선하여 실었다. 6개의 사례를 간략히 설명하면 다음과 같다.

첫째, 의료서비스를 제공하는 B사는 매일 세 번씩 양치질을 하거나 도와주어야 하는 중증환자와 보호자의 고통을 덜어주기 위해 디자인씽킹 방법론을 적용해서 석션칫솔을 개발했다. 그 결과 중증환자와 보호자 모두가 감동했을 뿐만 아니라 B사는 그 경험을 바탕으로 석션칫솔을 유아와 장애인 등 양치질을 할 때 다른 사람의 도움을 받아야 하는 사용자들에게 확대 적용하기로 결정했다.

둘째, 광주광역시 광산구청은 원룸촌 주변에 불법으로 버려지는 쓰레기를 근절하기 위한 방법을 찾기 위해 디자인씽킹 방법론을 활용했다. 6명의 공직자들이 3개월 반 동안 현장을 누비고 프로토타입을 손수 제작하는 등 열정적으로 노력한 결과 불법 쓰레기는 사라지고 원룸촌 거주자들뿐만 아니라 지역 주민들도 구청의 헌신적인 노력에 감사했다.

셋째, IT 업계의 강자로 꼽히는 C사는 맞벌이 부부들이 안심하고 아이를 맡기기 어렵다는 고충을 해결하는 데 디자인씽킹 방법론을 사용했다. 주문부터 결제, 사후관리까지 원스톱 서비스를 제공하는 스마트폰 어플리케이션을 개발했으며 이는 C사의 브랜드 이미지를 높이는 데도 기여했다는 평을 받고 있다.

넷째, 전북대학교 경영학부에 개설된 '창의적 문제해결'이라는 수업에서 대학생 6명이 한 팀을 이루어 학교 근처에 위치한 드라이플라워숍 '플라워랩'의 문제를 해결하기 위해 디자인씽킹을 적용했다. 한 학기 동안 노력한 결과 플라워랩 사장님이 수업 시간에 직접 찾아와 학생들의 노고에 진심으로 감사를 전했다.

다섯째, 덴마크의 작은 도시인 홀스테브로 시가 운영하는 노인 무료급식 시설 '굿 키친'이 고객 만족도를 개선하는 프로젝트에 디자인씽킹 방법론을 적용했다. 그 결과 노인뿐만 아니라 조리사 등 직원들의 자존감과 만족도가 향상되었으며 홀스테브로 시는 2009년 덴마크 디자인 대상Danish Design Prize 시상식에서 공공부문 대상을 수상했다.

여섯째, IBM은 사는 회사가 주최 또는 참가하는 전 세계 수십 개국의 박람회, 전시회 또는 컨퍼런스에서 방문객들과 상호작용하는 방식을 혁신하기로 하고 디자인씽킹 방법론을 적용했다. 2010년 네덜란드 암스테르담에서 열린 SIBOS 컨퍼런스는 디자인씽킹으로 개발한 콘셉트를 시험 적용한 첫 무대였으며, 결과는 방문자들과의 상담 횟수, 즉석 판매계약 체결에 따른 예상 매출액 등의 정량적 측면만 보더라도 전년 대비 78% 개선이라는 놀라운 성과를 거두었다.

이상에서 간략히 설명한 각 사례의 개요는 다음의 표와 같다.

	분야/ 기업(기관)	프로젝트 명칭	고객 니즈	주요 성과	팀원 수	기간
1	의료 서비스/ B사	중증환자들의 병원 내 경험 개선	중증환자의 양치질을 도와주는 보호자와 환자 본인의 고통	- 중증환자와 보호자 의 감동 - 병원 이미지 개선 - 장애인, 유아 등에게 확대 적용	5명	2개월
2	지방자치단체/ 광주광역시 광산구청	주택가 원룸촌 불법 쓰레기 투기 근절 대책 수립	- 원룸촌 주변 주민들의 고통 - 원룸촌 거주자들의 고통 - 단속공무원들의고통	- 불법투기쓰레기근절 - 광산구청 이미지제고 - 공직자 문제해결 역량 강화	6명	3.5개월
3	IT 서비스/ C사	어린 아이가 있는 맞벌이 가정에서 O2O 비즈니스 아이템 찾기	맞벌이 부부가 안심하고 아이를 맡길 수 없어서 느끼는 고통	- 주문, 결재, 사후관리 까지 쉽고 편리하게 사용할 수 있는 아이 돌봄 서비스 스마트폰 어플 개발 - C사의 브랜드 이미지 제고	3명	2개월
4	대학교 교육/ 전북대학교 경영학과	소상공인 '플라워랩'의 인지도 제고와 매출향상 문제해결	- 가게 인지도가 낮음 - 매출이 적음 - 긴 이동거리로 인한 고객의 불편함	- 고객의불편사항개선 - 가게인지도 제고 - 매출 향상	5명	3.5개월
5	공공 서비스/덴 마크 굿 키친	노인 무료급식 만족도 개선	- 혼자서 식사해야 하는 고통 - 식사를제공받는다는 단절과 치욕의 감정	- 노인들의만족도향상 - 조리사 등 서비스 제공자의 자존감 회복 - 2009년 덴마크 디자인 대상 수상	자료 없음	자료 없음
6	글로벌 기업/ IBM	박람회 부스 재설계를 통한 고객 경험 개선과 매출 증대	일방통행식 소통으로 인한 박람회 투자 효과 미흡	- 예상 매출액 전년 대 비 78% 개선 - 파일럿테스트 결과 전사 확산	자료 없음	자료 없음

CASE #1

무관심 속에 방치된 고통을 해결하다

— 중증환자들의 양치질 과정을 개선한 석션칫솔 —

의료 서비스는 디자인씽킹을 적용해볼 여지가 많은 영역이라 할 수 있다. 왜냐하면 의료 서비스는 의사와 환자, 간호사, 보호자, 병원 직원 등 이해관계자들이 서로에게 무척 큰 기대를 할 뿐만 아니라, 실제로도 서로가 서로에게 중요한 역할을 수행한다는 특징이 두드러지게 나타나는 분야이기 때문이다. 게다가 기존의 관성이나 고정관념에 얽매여 자칫 간과되는 문제가 있을 수 있고, 무관심의 영역에 누군가의 고통이나 해결되지 못한 욕구가 숨어있을 수 있기 때문에 더욱 더 섬세한 관찰과 사용자 공감이 요구된다.

지금부터 소개할 사례는 의료 서비스 영역이라고 어렵게만 생각할 것이 아니라, 조금만 주의를 기울여 주변을 관찰하면 잠재된 문제를 찾아내어 성공적으로 해결할 수 있음을 보여주는 사례라 할 수 있다.

집중해야 할 곳을 정하다

✖

B사의 프로젝트 팀은 의료 서비스 영역에서 새로운 비즈니스 기회를 찾겠다는 목표를 세웠다. 하지만 의료 분야와는 거리가 먼 일을 해왔던 팀원들의 마음속엔 왠지 모를 막연한 두려움이 존재했다. 그래서 프로젝트 팀이 선택한 것이 디자인씽킹이었다. 의료 서비스 분야에서의 새로운 비즈니스 기회는 방대한 의료 지식보다는 사용자 공감에 대한 열정, 기존 방식에 얽매이지 않는 개방되고 유연한 자세가 중요하다는 믿음 때문이다.

팀원들은 차근차근 프로젝트를 준비해나갔다.

> 의료 서비스 분야라고 한다면 어디까지를 대상으로 해야 할까요?

> 매우 넓고 다양하겠죠. 하지만 우리 팀의 시간과 인원, 예산 등은 한정되어 있으니 집중해야 할 영역을 정해야 할 것 같아요.

> 그럼 의료진이나 병원 관계자보다는 환자들을 대상으로 해보는 건 어떨까요? 아무래도 환자가 가장 힘들 테니까요.

> 좋은 의견입니다. 환자 중에서도 보호자의 도움 없이는 거동조차 불편한 중증환자들에게 집중해보는 것도 좋을 것 같고요.

> 저는 거동이 어려운 환자뿐만 아니라 보호자들도 포함시키는 게 어떨까 해요. 그들도 환자만큼 힘들 것 같거든요.

> 좋습니다. 의견들을 정리해보니 집중할 영역이 명확해진 것 같군요. 주제를 '거동이 불편하여 타인의 도움이 필요한 중증환자들의 병원 내 경험 개선'으로 합시다. 이 주제를 통해 환자들의 경험 개선점을 찾아내고 이를 해결하기 위한 방안을 프로젝트 결과물로 내보는 거죠. 중증환자들의 고통점과 기대사항을 잘 찾아낸다면 좋은 비즈니스 모델로도 연결이 될 것 같군요. 벌써부터 기대가 되는데요.

지면 관계상 짧게 기술했지만, 사실 회의는 이보다 훨씬 길었고 다양한 의견이 나왔다. 어쨌든 이러한 고민의 과정을 거친 다음 프로젝트 팀은 스스로 몸을 잘 가누지 못하는 중증환자들을 대상으로 프로젝트를 진행하기 시작했다.

쉽지 않은 인터뷰, 지루한 관찰

✖

환자·보호자·의사·간호사와의 인터뷰, 그리고 그들의 관찰조사를 상세하게 설계한 프로젝트 팀은 대부분의 시간을 병원에서 보냈다. 이번 프로젝트는 병원에서의 환경, 상황, 환자·보호자·의사 간의 상호작용을 파악하는 것이 매우 중요했기 때문에 회사 사무실에 있는 것보다는 병원이나 병실에 있는 것이 오히려 마음이 편하기도 했다. 논의를 위한 프로젝트 중간 미팅은 병원 휴게실에서 진행했다.

환자와의 인터뷰는 일반인들과의 인터뷰와는 차이가 컸다. 무엇보다 환자가 인터뷰에 응하는 것 자체가 큰 부담이었다. 시간이 길어지기라도 하면 환자는 여지없이 힘들어했고 인터뷰를 계속할 수 없었다. 게다가 환자의 보호자가 눈치를 주는 터라 마음의 부담이 클 수밖에 없었다. 결국 인터뷰 중간중간 휴식 시간을 많이 두면서 환자의 컨디션을 살피고 천천히 인터뷰를 진행해나갔다. 시간이 꽤 걸리긴 했지만 환자의 상태가 더 중요했기 때문에 별다른 방도가 없었다.

다행히 보호자와의 인터뷰는 수월했다. 아마도 온종일 환자 곁을 지키다 보니 말상대가 그리웠을 수도 있으리라 생각된다.

환자 인터뷰를 충분히 하지 못하는 대신, 프로젝트 팀은 '관찰조사'를 제대로 수행하기로 했다. 하지만 하루의 대부분을 병상에 누워있는 환자를 관찰하고 있기란 쉽지 않은 일이었다. 지금껏 수행해왔던 프로젝트에서의 관찰조사는 수시로 나타나는 행동 혹은 상황들을 놓칠까 봐 초집중을 해야 했지만, 이번 프로젝트는 누워만 있는 환자를 대상으로 하다 보니 인내심이

상당히 필요했다.

프로젝트 팀은 환자를 관찰하는 중간중간 보호자에게 짧은 질문을 하기로 했다. 이는 시간을 효율적으로 활용하면서 보호자 인터뷰도 추가로 진행하는 효과가 있었다.

환자와 보호자가 되어보다

✖

중증환자의 모습을 지켜보기란 무척 지루하고 따분한 일이었다. 온종일 누워있다가 식사 때나 잠시 바람 쏘일 때만 보호자의 도움을 받아 잠깐씩 움직일 뿐이었기 때문이다. 그렇지만 누워있는 환자의 마음, 곁에서 쉼 없이 환자를 돌보는 보호자의 마음은 오죽할까 하는 마음으로 묵묵히 관찰을 지속해나갔다.

이와 동시에 몇몇 팀원들은 한 명씩 돌아가면서 비어있는 병실 침대에 누워 몇 시간 동안 아무것도 하지 않았다. 얼핏 보면 쉬는 것처럼 보였지만, 사실 환자 입장에서 그들의 생각, 시야, 육체적 고통, 불편, 느낌 등을 이해해보려는 노력의 일환이었다. 환자가 실제로 그러는 것처럼 휠체어를 타고 이동해보기도 했다. 어떤 상황이든 관찰하는 입장과 그것을 직접 해보는 것은 큰 차이가 있는 법이다.

또 한 그룹의 팀원들은 보호자 의자에 앉아 오후 내내 환자만을 바라보았다. 등받이 없는 의자에 몇 시간 동안 앉아 있는 건, 차라리 서 있는 것이 낫

겠다는 생각이 들 정도로 고통스러운 일이었다. 이러다가 보호자가 또 다른 환자가 되지는 않을까 하는 걱정이 들기도 했다.

보호자의 의자, 보호자의 간이침대, 보호자의 병수발, 보호자가 바라보는 창밖 풍경 등은 지금껏 느껴보지 못한 또 하나의 세상이었다. '보호자가 되어보기' 또한 보호자를 관찰하는 것만으로는 절대 이해하지 못할, 보호자의 육체적 불편함과 고통, 그들의 감정 등을 경험해보고자 하는 목적에서 이루어졌다.

물론 직접 경험해본다고 해서 환자와 보호자의 감정과 어려움을 온전히 이해할 수 있는 건 아니다. 사실 환자와 보호자를 100% 이해하기란 불가능에 가깝다. 그럼에도 불구하고 이와 같은 방법을 수행하는 이유는 적어도 디자인씽킹을 하는 사람이라면 사용자의 입장에서 이해하고 공감하려는 노력을 끊임없이 해야 하기 때문이다. 그것이 기본이면서 최고로 중요한 마음가짐과 자세이기 때문이다.

당연했던 것들이 고통이 된 순간

✖

의사의 진료 내용이나 행동과 같은 것들은 관찰을 통해 파악하기 어려운 지점이 있다. 전문성이 뒷받침되어야 하기 때문이다. 반면 환자나 보호자를 대상으로 하는 관찰조사는 제대로만 한다면 충분한 효과를 볼 수 있다. 그래서 프로젝트 팀은 환자를 둘러싼 이해관계자들과의 상호작용에 좀 더 주의를 기울이면서 관찰을 계속해나갔다.

그러던 중 점심식사 시간이 되었다. 팀원들은 본인의 식사는 포기한 채 자리를 지키며 환자들이 식사하는 모습을 계속해서 관찰해나갔다.

식사가 나오자 환자는 보호자의 도움을 받아 식사를 조금씩 해나갔다. 식사를 마친 후 보호자는 어딘가를 다녀오더니 칫솔에 약간의 치약을 묻혀 환자의 입속을 칫솔질하기 시작했다. 불편해 보였지만 매일 반복해왔던 덕분인지 보호자들은 어려움없이 칫솔질을 해나갔다.

식사를 하면 당연히 해야 하는 것이고, 환자 스스로 하기 힘들면 보호자가 해줄 수도 있는 일이라 팀원들은 별생각없이 무심코 지켜보기만 했다. 그런데 그 순간 예상치 못한 상황이 벌어졌다. 환자가 양치질로 생겨난 거품을 뱉어내지 못하고 그대로 삼키고 있었던 것이다. 거품은 입 옆으로 흘러나오기도 하고 심지어 귀 쪽으로까지 흘러내려 베개가 흥건히 젖기도 했다.

입을 벌리고 있는 것 외에는 아무것도 할 수 없는 무력함. 순간 팀원들은 정신이 멍해졌다. 얼마 전 치약 성분이 몸에 해롭다는 뉴스가 보도된 터라 치약을 고를 때나 헹굴 때 무척 깐깐하게 굴었는데, 눈앞의 환자는 그 양칫물이 목으로 들어가도 속수무책이었던 것이다.

프로젝트 팀은 그 모습을 보고 "아차!" 싶었다.

환자와 동일한 상황을 경험하다

✖

회사로 돌아온 프로젝트 팀은 환자의 양치질에 적지 않은 마음이 쓰였다. 그래서 병원에서 목격했던 것을 직접 경험해보기로 했다.

팀원 중 한 명이 환자 역할을 맡아 침대에 누웠다. 또 다른 팀원이 보호자가 되어 양치질을 대신 해주는 역할을 맡았다. 칫솔에 치약을 묻혀 칫솔질을 하는 것까지는 큰 어려움이 없었다. 문제는 입안에 침과 치약이 섞여 거품이 생겨나기 시작하면서부터였다. 환자 역할의 팀원은 거품을 뱉어내지 못해 무척 곤혹스러워했다. 이를 제거해주지 못하는 보호자 역할의 팀원 역시 어쩔 줄 몰라 했다.

물을 한 모금 마시게 하여 입안을 헹구어내려 했다. 그 순간 입안의 물이 목구멍으로 삼켜졌고 환자 역할의 팀원은 켁켁 소리를 내며 무척 괴로워했다. 체험을 마친 후 환자와 보호자 역할을 대신 해봤던 두 팀원은 힘들었던 그 순간을 설명하며, 환자가 얼마나 고통스러웠을지 조금이나마 느낄 수 있었다고 했다.

프로젝트 팀은 환자의 양치질에서 찾아낸 '환자의 고통점'을 단초로 삼아 보호자들을 추가 인터뷰했다. 그리고 보호자들의 고통점을 다음과 같이 정리했다.

✚ **보호자들의 고통점** ✚

"아버지께서 몸을 스스로 가누지 못하셔서 스스로 양치질을 못하십니다. 그래서 제가 칫솔로 간단히 양치질을 해드리죠. 하지만 입안의 양칫물이 아버지 목으로 넘어가버립

니다. 그게 제일 안타깝습니다."

"어머니 얼굴을 약간 옆으로 눕혀 양치질을 해드리는데, 그래도 양치한 거품이 귀까지 흘려내려요. 닦아드리긴 하는데 마음이 안 좋죠."

"물로 헹구기도 해야 개운하실 텐데 그러다 보면 양칫물이 자꾸 흘러나와서 쉽지 않더 라고요. 그래서 저는 헝겊에 치약을 묻혀 닦아드리곤 해요."

인터뷰 답변을 의심해보다

✖

보호자들의 고통점은 사실 환자들에게는 훨씬 더 큰 불편이자 고통점일 것 이다. 하지만 양칫물이 입가로 흘러내리거나 목으로 넘어가는 불편함을 직 접 이야기하는 환자는 단 한 명도 없었다. 그들은 이렇게 답했다.

✚ 환자와의 인터뷰 ✚

"딸이 양치질을 해주고 나면 너무 개운해요. 아무리 부모라고 해도 입속까지 닦아주는 게 어디 쉬운 일인가요?"

"내가 할 수 있으면 좋은데 손에 힘이 없어요. 며느리한테 미안하긴 하지만 그래도 양 치를 하고 나면 좋습니다. 불편한 거 하나도 없어요. 우리 며느리가 진짜 효녀예요."

인터뷰 자체만을 놓고 본다면, 환자에게는 불편함이 거의 없다고 결론 내리기 쉽다. 하지만 관찰조사에서 목격한 양치질 상황에서의 일그러진 환자 표정, 켁켁거리는 고통, 귀로 흘러 들어가는 치약 거품, 무심코 삼켜지는 행굼물 등은 인터뷰 답변으로 결론을 내리면 절대 안 됨을 일깨워주는 중요한 '사용자 공감' 지점들이었다.

환자들은 보호자가 병수발을 들어주고 양치질을 해주는 것에 고마운 마음을 가지고 있다. 그래서 목으로 넘어가는 양칫물의 불편함과 역겨움을 인지하기 쉽지 않다. 설령 인지했더라도 배가 부른 소리라 여겼을 것이다.

프로젝트 팀은 사용자에 대한 진심 어린 공감의 중요성, 그리고 인터뷰와 관찰조사의 상호 보완적 역할이 얼마나 중요한지 다시 한 번 깨달을 수 있었다.

아이디어의 방향을 잡다

✖

프로젝트 팀은 양치질 상황에서의 환자들의 고통점을 해결하기 위해 아이디어 회의를 하기로 했다. 평소 아이디어 회의는 유쾌한 분위기에서 진행된다. 하지만 이번 회의는 그 여느 때보다 진지하고 신중했다. 양치질하는 동안의 환자 표정과 보호자의 모습이 머릿속을 떠나지 않았기 때문이다.

다양한 아이디어가 쏟아졌다. 프로젝트 팀은 이 중에서 양치질에 참여하는 환자와 보호자의 고통점을 가장 정확히 해결하면서 구현이 어렵지 않은

☆ 환자의 양치질을 도와줄 다양한 아이디어들 ☆

01 헹굼 거품이 발생하지 않는 치약

02 치약 헹군 물을 빨아들이는 칫솔

03 씹는 치약

04 헝겊으로 된 칫솔

05 삼켜도 되는 치약

06 입가에 흘러내리는 물을 받아내는 받침대

'치약 헹군 물을 빨아들이는 칫솔'을 해결방안으로 정하였다.

프로젝트 팀은 이 아이디어를 실제 상황에 적용해보기 위해 콘셉트로 구체화하였다. 일차적으로 칫솔 뒷부분에 플라스틱 관을 매단 프로토타입을 간단히 만들었다. 플라스틱 관의 나머지 끝부분에는 고무공처럼 생긴 펌프를 매달았다. 고무공 펌프를 손으로 누른 뒤 놓으면 고무공이 펴지면서 플라스틱 관을 통해 입안의 물이 빨아들여지도록 한 것이다. 궁극적인 문제해결 기능에 집중한 아주 간단한 모형이었다.

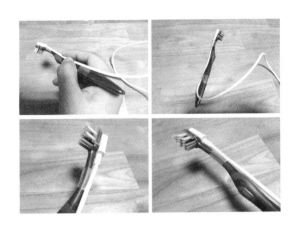

치약 헹군 물을 빨아들이는 칫솔의 초기 프로토타입

이 모형으로 팀원들은 또다시 환자와 보호자로 나누어 테스트를 진행해 보았다. 다소 작동이 안 되거나 양치질에 활용하는 동작이 매끄럽지 못한 부분들이 생겼다. 그때마다 프로젝트 팀은 모형을 수정하고 테스트를 반복하면서 진행해나갔다. 몇 번의 과정을 거치고 나니 큰 불편함 없이 양치질이 되면서 입안의 양칫물을 빨아들이는 프로토타입이 완성되었다.

프로젝트 팀은 이 칫솔을 사용자 조사 때 만났던 보호자에게 제공하여 실제로 환자의 양치질을 테스트해보았다. 결과는 성공이었다. 환자와 보호자의 만족도는 물론이고, 프로젝트 팀이 보기에도 전보다 훨씬 자연스럽게 양치질을 하는 것이 느껴졌다.

아직 시장에 내놓을 만큼의 디자인과 상세 기능은 갖추지 못했지만 프로젝트 팀은 그들의 결과물이 환자와 보호자 모두에게 큰 선물이 될 거란 생각에 매우 뿌듯했다. 프로젝트 팀의 결과물은 거동이 불편한 중증환자뿐만 아니라 장애인, 유아 등에게도 적용이 가능했다.

프로젝트 팀은 이번 프로젝트를 통해 두 가지 큰 교훈을 얻을 수 있었다.

✛ **프로젝트 팀이 얻은 교훈** ✛

첫째, 디자인씽킹에서 고객공감이 얼마나 중요한지를 느낄 수 있었다. 인터뷰만 하다 보면 중요한 내용을 간과하고 넘어갈 수 있다. 왜냐하면 인터뷰에 응하는 대상자는 자신의 마음속에 있는 이야기를 제대로 표현하지 못하는 경우도 있고, 사실과는 다른 표현을 하는 경우도 있기 때문이다. 이럴 때는 사용자와 사용자 주변 상황을 제대로 관찰해보자. 물론 그 반대의 경우, 즉 관찰조사만으로는 파악하기 어려운 내용도 있을 수 있고 자칫 관찰내용을 주관적으로 해석할 수도 있다. 하지만 이 경우 역시 인터뷰가 보완하는 역할을 할 수 있을 것이다. 여러 방법들을 서로 보완, 병행하는 지혜로움이 필요하다.

둘째, 기존 관성이나 고정관념이 자리 잡고 있는 분야가 어쩌면 디자인씽킹이 더욱더 필요한 분야라는 것이다. 의료 서비스 분야가 그랬고 공공, 교육, 조직관리 등에서도 디자인씽킹이 얼마든지 그 위용을 발휘할 거라는 믿음을 가지게 되었다.

프로젝트 팀은 의료 서비스 분야에 이은 또 하나의 감동 스토리를 찾기 위해 조만간 또 다른 분야로 힘차게 뛰어들어가 보기로 서로에게 약속했다.

독자에게 드리는 질문

1. 이 사례에서 디자인 프로젝트를 성공으로 이끌었던 가장 중요한 단계는 언제였으며 프로젝트 팀원들은 그 단계에서 무엇을 했는가?

2. 이 사례의 내용 중 귀하가 앞으로 추진할 프로젝트에 적용해보고 싶은 내용(예를 들어 기법, 도구, 프로세스 등)은 무엇인가?

3. 귀하가 만약 이 프로젝트 팀의 팀장이었다면 프로젝트 성과를 보다 극대화하기 위해 어떤 단계에서 무엇을 더 해볼 수 있었겠는가?

4. 위의 3가지 질문 중 귀하가 프로젝트 팀원들과 함께 해답을 찾아보고 싶은 질문은 무엇인가? 그 이유는?

CASE #2

원룸촌 불법 쓰레기를 없애다

— 광주광역시 광산구청 불법 쓰레기 투기 근절 대책 —

광주광역시 광산구청은 2016년 3월부터 6월까지 핵심 인재 육성과정을 운영한 바 있다. 구청의 현안 과제를 해결하는 과정에서 문제해결 능력과 팀 리더십을 향상시키고자 하는 목적에서였다.

먼저 7~9급의 젊은 공직자 60명을 선발하여 6인 1팀으로 10개 팀을 구성했고, 각각의 팀들은 하나의 현안 과제를 선택하여 3개월간 수행했다. 그런 다음 구청장 등 고위 간부들과 시민들에게 과제 수행 결과를 발표하고 그 결과물을 향후 구정에 반영할 것인지의 여부에 대해 심층토론을 벌였다.

이 중 한 팀이었던 '영웅본색 팀'은 광산구가 당면하고 있던 난제 중 하나인 '주택가 원룸촌 불법 쓰레기 투기 근절 대책 수립'이라는 과제를 선택하여 디자인씽킹 방법론으로 문제를 해결하였고, 구청장을 비롯한 고위 간부들과 주민 대표, NGO 대표 등으로 구성된 심사위원단으로부터 최고 평가를 받는 영예를 누렸다. 평가를 떠나 이들 스스로도 주민들의 해묵은 불편 사항을 해결하는 과정에서 문제에 접근하는 방식을 혁신하고 디자인씽킹의 각종 도구를 사용하는 방법을 습득함으로써 향후 문제해결에 대한 자신감을 가질 수 있어 보람을 느꼈다. 지금부터 영웅본색 팀의 문제해결 과정과 경과를 보다 상세히 살펴보도록 하자.

과제 해결 기준을 마련하다

✖

먼저 6명의 영웅본색 팀 주인공들을 소개한다.

염장한 주무관(사회복지 9급, 남, 여성보육과)
강으뜸 주무관(행정 9급, 남, 교통행정과)
김민원 사무관(시설 7급, 남 민원봉사과)
김성실 사무관(행정 7급, 여, 사회경제과)
서개선 주무관(간호 8급, 여, 건강증진과)
최깔끔 주무관(보건 8급, 여, 식품위생과)

보는 바와 같이, 영웅본색 팀은 전혀 다른 부서에 근무하는 직원들로 구성되었다. 이러한 팀원의 조합은 프로젝트 수행 과정에서 자연스럽게 전문성이 어우러져 시너지를 창출하는 원동력이 된다. 이들에게 부여된 과제는 거의 모든 기초자치단체들이 홍역을 치르고 있는 '주택가 원룸촌 불법 쓰레기 투기 근절 대책 수립'이다.

영웅본색 팀은 먼저 이 과제에 대해 팀원 모두가 공통된 인식을 가져야 한다고 생각했다. 이는 스폰서였던 최대한 국장에게 협조를 구하기 위해서도 필요한 일이었다. 그래서 이들은 해결해야 할 과제의 목표와 범위를 명확히 정의하기 위해 다음 페이지에서 보는 바와 같은 '디자인 개요'를 작성했다.

화려한 보고서냐, 구체적 대안이냐

✖

영웅본색 팀은 디자인씽킹 프로세스 첫 번째 단계인 '고객공감'에 착수하기 전에 한 가지 중요한 의사결정을 내려야만 했다. 3개월이라는 짧은 시간에 공무원 본연의 업무를 해내면서 과제를 추가적으로 수행해야 하는 현실을 감안할 때 40만 명이 거주하는 광산구 전역에 불법으로 투기되는 모든 쓰레기를 근절하는 것은 불가능했기 때문이다. 영웅본색 팀은 두 가지 대안을 두고 고심했다.

하나는 광산구 전체의 불법 쓰레기를 근절시킬 수 있는 아이디어(예를 들어 규제 방안과 조례 개정안 등과 같은 각종 시책)를 담은 보고서를 만들자는 것이었다. 또 다른 하나는 아주 작은 지역이라도 한 곳을 선택하여 직접 발로 뛰면서 그 지역에 맞는 구체적인 대안을 만들어 실행에 옮긴 다음, 그 결과를 토대로 광산구 전역에 적용해볼 만한 대책으로 마련해보자는 것이었다.

☆ 영웅본색 팀의 디자인 개요 ☆

프로젝트 명칭	주택가 원룸촌 불법 쓰레기 투기 근절 대책
프로젝트 개요	주택가 중 원룸촌 불법 쓰레기 투기의 현상을 파악하고 불법 투기를 막을 수 있는 근본적인 대책을 수립하여 깨끗한 원룸촌을 만드는 것을 목표로 한다. 획기적으로 기여할 수 있는 구체적 아이디어와 실행 방안을 제공할 것이다.
의도/범위	− 가장 심각한 지역 분석 − 불법 투기의 현상 분석 − 주민의 불편한 점(고통점)을 파악하여 여정지도 작성 − 고통점 감소를 위한 아이디어 도출 − 아이디어 실행을 위한 콘셉트 개발과 프로토타입 제작 − 프로토타입 개발을 통한 불법 쓰레기 감소 결과 도출
탐구 과제	− 불법 투기하는 사람은 누구인가? − 어떤 인구통계적 또는 심리통계적 특성을 지닌 집단인가? − 그들의 고통점은 무엇인가? − 그 고통점을 감소시킬 대안은 무엇인가?
목표 고객	원룸촌 거주 주민
조사연구 계획	− 원룸촌 거주 주민 3~5명을 관찰하고 인터뷰한다. − 마을 주민들을 관찰하고 인터뷰한다. − 동주민센터에서 그동안의 결과들을 확인하고 인터뷰한다.
기대 결과물	− 아이디어 실행 이후 불법 쓰레기 투기 감소 − 팀이 도출한 아이디어와 프로토타입의 실행 결과 주민들의 만족도 증가 − 광산구청 확대 실행계획에 선정
성공지표	− 프로젝트 수행과정에서 팀원 전원이 협업하였으며, 문제해결 역량이 향상되었는가? − 팀원들이 실습을 통해 작성, 개발, 제작한 도구와 결과물들의 품질이 우수한가? − 파일럿 테스트 결과 불법 쓰레기 투기가 감소하였는가?
프로젝트 계획	6명으로 구성된 팀이 3개월 동안 월 3회 이상 회의 및 현장 방문을 통해 프로젝트를 수행한다.

열띤 토론 끝에 그들은 후자를 선택하기로 했다. 각종 통계 자료와 선진국의 우수 사례, 주민 대상의 설문조사 결과 등을 담은 화려한 보고서를 만드는 일에 신물이 나 있었기 때문이다. 무엇보다 그들이 과거에 밤을 새워 만든 수많은 보고서들이 보고가 끝난 후 휴지조각으로 사라져버렸던 터라 그러한 악순환을 다시금 반복하고 싶지 않았기 때문이다.

영웅본색 팀은 이를 실현하기 위해 과제의 범위를 과감하게 축소하기로 했다. 그러려면 일단 어느 지역에 집중할 것인가를 결정해야 했으므로 영웅본색 팀은 최근 2년간 쓰레기 불법 투기와 관련된 민원 발생 현황을 주택단지 지구별로 정리해놓은 자료를 입수했다.

자료에 따르면 A지구가 550건으로 1위를 차지했고, B지구가 500건, C지구가 420건, D지구가 300여 건이었다. 민원을 제기한 구체적 내용은 악취, 위생, 해충 출몰 등 주민생활 불편 호소가 가장 많았고, 주민 간 갈등 발생, 도시미관 저해와 집값 하락 등 실질적 요인들도 다수 있었다.

이와 같은 현황 파악 결과를 토대로 영웅본색 팀은 민원 발생이 가장 많은 A지구를 대상으로 불법 쓰레기 투기를 근절하기 위한 대책을 세우기로 결정하고 스폰서인 최대한 국장과도 합의를 마쳤다.

쓰레기를 버릴 곳이 없다?

✖

디자인 개요를 마련하고 과제 범위를 좁힌 영웅본색 팀은 본격적으로 사용자 마음에 공감하기 위해 현장으로 나갔다. 지역이 넓어서 팀원들은 두 개 조로 나누어 차로 돌면서 관찰을 하기 시작했다. 현장을 몇 바퀴 돌아보면서 쓰레기를 불법 투기하는 장면을 목격하면 그 자리에서 인터뷰를 하기도 하고 사진을 찍기도 했다.

쓰레기가 쌓여있는 곳은 불법 투기가 더욱 심했다. 심지어는 차를 타고 본인의 집 앞이 아닌 조금 떨어져 있는 곳에 쓰레기를 버리는 사람도 있었다.

가장 많은 쓰레기는 통닭 등 배달음식을 시켜먹고 버리는 것들이었고, 음식물 쓰레기와 일반 쓰레기가 뒤섞여 있어 하루 이틀만 정비하지 않아도 악취가 진동하고 쓰레기 더미는 더더욱 많이 쌓여갔다. 쓰레기를 버리는 사람들의 '고통점Pain point'은 대체적으로 이러했다.

✚ 쓰레기를 불법 투기하는 사람들의 고통점 ✚

"쓰레기를 어디에, 언제 버려야 하는지 모르겠어요."

"버릴 때 기분은 찝찝해요."

"주위 사람들 시선이 따가워요."

"집 앞에 간단하게 처리할 수 있는 곳이 있었으면 좋겠어요."

한편 쓰레기 더미가 쌓인 주변에 사는 주민들의 고통점은 다음과 같았다.

✚ 주변 사람들의 고통점 ✚

"비양심적인 사람들이에요."

"쓰레기가 쌓여있는 곳이면 버려도 되겠다는 생각이 드나봐요."

"혼자 사는 대학생들이 문제라고요."

"CCTV를 설치해도 그때뿐이에요."

"단속이 능사는 아닌 것 같아요."

"주민들 인식도 문제지요."

"효율적이고 알기 쉬운 방법이 필요해요."

영웅본색 팀은 인터뷰와 관찰조사 결과를 토대로 디자인씽킹 도구 중 하나인 '공감지도'를 그려보기로 하고, 쓰레기를 버리는 사람 중 대표적이라고 할 수 있는 대학생 김모 군의 공감지도를 그려보았다.

영웅본색 팀은 주민 20여 명, 주민센터 환경 담당자 4~5명 등을 만났고, 관찰 및 인터뷰 결과 원룸촌 주민들의 가장 큰 고통점은 '**쓰레기를 마땅히 버릴 곳이 없다**'라는 사실을 파악하게 되었다.

문제해결을 위한 아이디어를 고르다

✖

영웅본색 팀은 인터뷰와 관찰 과정에서 얻은 시사점, 즉 원룸촌 주민들의 가장 큰 고통점은 '쓰레기를 마땅히 버릴 곳이 없다'라는 조사 결과의 진위 여

☆ 쓰레기를 버리는 대학생 김모 군의 공감지도 ☆

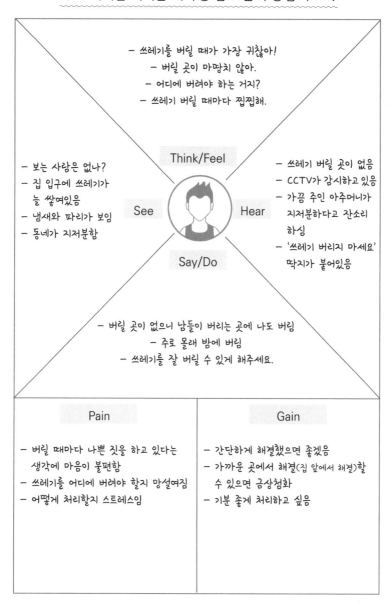

Think/Feel

– 쓰레기를 버릴 때가 가장 귀찮아!
– 버릴 곳이 마땅치 않아.
– 어디에 버려야 하는 거지?
– 쓰레기 버릴 때마다 찝찝해.

See

– 보는 사람은 없나?
– 집 입구에 쓰레기가
  늘 쌓여있음
– 냄새와 파리가 보임
– 동네가 지저분함

Hear

– 쓰레기 버릴 곳이 없음
– CCTV가 감시하고 있음
– 가끔 주인 아주머니가
  지저분하다고 잔소리
  하심
– '쓰레기 버리지 마세요'
  딱지가 붙어있음

Say/Do

– 버릴 곳이 없으니 남들이 버리는 곳에 나도 버림
– 주로 몰래 밤에 버림
– 쓰레기를 잘 버릴 수 있게 해주세요.

Pain

– 버릴 때마다 나쁜 짓을 하고 있다는
  생각에 마음이 불편함
– 쓰레기를 어디에 버려야 할지 망설여짐
– 어떻게 처리할지 스트레스임

Gain

– 간단하게 해결했으면 좋겠음
– 가까운 곳에서 해결(집 앞에서 해결)할
  수 있으면 금상첨화
– 기분 좋게 처리하고 싶음

부를 설문조사를 통해 한 번 더 확인하기로 했다. 팀원들은 먼저 다양한 아이디어를 도출하기 위해 아래와 같은 핵심 질문을 마련하고, 우뇌를 자극하는 디딤돌 기법과 아이디어 릴레이 방법을 통해 아이디어를 도출했다(디딤돌 기법과 아이디어 릴레이 방법의 자세한 내용은 p.222, 228 참조).

✚ 핵심 질문 ✚

"어떻게 하면 원룸촌 주민들이 쓰레기를 가까운 곳에 쉽게 버리게 할 수 있을까?"

팀원들은 대략 100여 개의 아이디어를 도출하였으며, 그중에서 실현 가능성이 높은 아이디어들을 선별하였다. 최종 선정된 아이디어는 다음과 같다.

✚ 최종 선정 아이디어 ✚

- 기능개선 방법으로는 '쓰레기 배출함 개선'
- 단속방법으로는 '말하는 CCTV 쓰레기 실명제'
- 환경개선으로는 '양심 거울, 바람개비 존, 꽃밭조성'
- 인식개선으로는 '예쁜 쓰레기 봉투, 쓰레기 송Song'
- 적극적 행정으로는 '쓰레기 소각료 및 과태료 고액 부과'

팀원들은 선정한 아이디어의 검증을 위해 신창동 주민센터 1층 현관에 약 10일 동안 설문판을 설치해 주민들의 의견을 모았다. 주민 263명이 투표한 결과 아파트처럼 쓰레기 배출함을 설치해달라는 의견이 59%로 압도적이었으며, 녹색 감시단이 19%, 쓰레기 실명제 15%, 쓰레기 송이 8%로 가장 낮게 나왔다.

주민참여 설문판에 투표를 하는 주민들.
투표 결과 쓰레기 배출함을 설치해달라는 의견이 가장 많았다.

이로써 영웅본색 팀은 인터뷰와 관찰조사 과정에서 얻었던 시사점, 즉 원룸촌 주민들의 가장 큰 고통점은 '쓰레기를 마땅히 버릴 곳이 없다'라는 조사 결과에 더욱 확신을 가지고 디자인씽킹의 다음 단계로 프로젝트를 진척시킬 수 있었다.

갑론을박이냐, 시제품 테스트냐

✖

인터뷰와 관찰조사, 설문조사 결과 '원룸촌에 아파트 단지에 있는 것과 비슷한 쓰레기 배출함을 설치해주면 불법 쓰레기 투기가 줄 것이다'라는 해결 아이디어를 얻었으나 영웅본색 팀에게는 여전히 풀어야 할 숙제들이 남아 있었다.

✚ 남은 과제 ✚

- 어디에 설치해야 하는가?
- 얼마만 한 크기의 배출함을 설치해야 하는가?
- 어떤 재질의 배출함이라야 적은 비용으로 비바람 등 기후 변화에 견딜 수 있을까?

  그리고 무엇보다도….
- 쓰레기 배출함을 설치하면 원룸촌 주민들이 정말로 쓰레기를 배출함에 갖다 버릴까?

이번에도 영웅본색 팀은 디자인씽킹 방법론에 충실하기로 했다. 머릿속의 생각으로 갑론을박하기보다 빠른 시간 내에 몇 개의 시제품을 만들어 시범적으로 설치를 해보기로 한 것이다. 파일럿 테스트를 해보고 그 결과를 토대로 보다 나은 해결방안을 찾아보자는 의도였다.

영웅본색 팀은 적은 비용으로 그들이 스스로 제작해볼 만한 쓰레기 배출함을 만들기로 하고 그 시제품이 갖추어야 할 조건, 즉 다음과 같은 디자인 기준에 합의했다.

✚ 디자인 기준 ✚

- 제작에 들어가는 비용은 개당 2만 원 이하여야 한다.
- 눈에 잘 띄는 외관이어야 하며 동네 미관 향상에 도움이 되어야 한다.
- 별도의 안내가 없어도 주민들이 간단 명쾌하게 쓰레기 배출함임을 알아볼 수 있어야 한다.

- 저렴한 제작 비용과 협소한 설치 장소를 감안하여 파일럿 테스트를 할 때는 일반 쓰레 기와 재활용품 두 가지로만 분리하는 것을 목표로 한다.
- 시제품이긴 하지만 적어도 10회 이상 수거할 수 있을 만큼 견고해야 한다.

영웅본색 팀원들은 일요일도 반납한 채, 구청 강당에 모여 이삿짐 박스에 사용되는 플라스틱을 구입, 총 60개의 쓰레기 배출함을 직접 제작했다.

이렇게 제작한 쓰레기 배출함은 원룸촌 A단지 내 30개 위치에 설치되었고, 파일럿 테스트 결과는 한 마디로 대성공(!)이었다. 불법 투기 쓰레기가 거의 모든 장소에서 쓰레기 배출함 설치 전에 비해 10% 이하로 줄어들었고, 특히 쓰레기 배출함 주변의 쓰레기는 완전히 사라진 곳이 많았다.

영웅본색 팀이 쓰레기 배출함을 직접 만들고 있다.

광산구 불법 쓰레기 개선 전과 개선 후의 모습.
쓰레기 배출함을 설치한 후 완연히 쓰레기 투기량이 줄었다.

쓰레기 배출함을 설치한 후 주민들을 대상으로 인터뷰를 실시해보니 입을 모아 달라진 풍경을 칭찬했다. 이들의 반응을 몇 가지만 소개한다.

김하나 #원룸에 인생을 바친 원룸 운영 10년차

"이런 간단한 방법으로 쓰레기 배출이 깔끔해지다니, 나는 이제까지 무엇을 했단 말인가!"

나대로 #원룸에 살 수밖에 없는 유학 온 대학생

"쓰레기를 자기 집 문앞에 버려야 하는지 이제 알았습니다. 앞으로 잘할게요."

최우선 #쓰레기와 함께 한 반평생, 시설관리공단 수거 담당자

"주민들의 인식 개선을 위한 하나의 장치가 마련된 것 같습니다. 좋은 사례가 되지 않

을까 싶네요."

박보람 #원룸에 살진 않지만 더러운 길이 싫었던 신창동 주민

"항상 쓰레기 불법 투기가 있던 곳이었는데 확실히 투기량이 줄어든 것 같아요. 조금만

더 줄어들면 정말 깨끗한 동네가 될 것 같습니다."

영웅본색 팀의 과제는 구청장, 시민대표단, 고위간부들이 선정하는 최종
평가에서 최우수상을 받았다. 이제 이들의 해결방안은 광산구청 정책에 반
영되어 광산구 곳곳으로 확산될 예정이다.

독자에게 드리는 질문

1. 이 사례로부터 배울 수 있는 점을 3가지만 든다면? 그 3가지를 고른 이유는 무엇인가?

2. 이 사례로 볼 때 귀하는 디자인 프로젝트의 핵심 성공요인을 무엇이라고 생각하는가?

3. 이 프로젝트를 추진한 경험이 프로젝트 팀의 팀원들에게 어떤 영향을 미쳤을 것이라고 생각하는가?

4. 위의 3가지 질문 중 귀하가 프로젝트 팀원들과 함께 해답을 찾아보고 싶은 질문은 무엇인가? 그 이유는?

CASE #3
온라인과 오프라인을 결합하다
― O2O 육아서비스 ―

지금부터 소개할 사례는 3년 전 C사에서 진행되었던 디자인씽킹 기반 프로젝트를 재정리한 것이다. 고객의 숨은 '미충족 요구사항^{Unmet Needs}'을 찾아내고 여기서 발견한 인사이트를 비즈니스에 도입시키는 일련의 과정이 엿보이는 사례이다.

O2O 시장에 디자인씽킹을 들이대다

✖

스마트폰이 범용적으로 사용되면서 수많은 비즈니스들이 모바일 트렌드에 맞추어 그 형태와 서비스를 진화·발전시켜오고 있다. 기존의 비즈니스 모델이 오프라인에서 온라인^{PC}으로 연계·확장하는 것이었다면, 이제는 스마트폰에 기반한 모바일 중심 또는 모바일 연계 비즈니스 모델들이 대세를 이루는 것이다.

오프라인·온라인·모바일 비즈니스를 모두 가지고 있던 C사의 경영층은 이를 서로 연계하여 새로운 고객의 가치를 창출하고 비즈니스 모델까지 발전시키기를 원했다. 이에 경영지원 본부는 회사의 핵심 역량을 결집하여 시장에서 주목받고 있는 O2O$^{Online\ to\ Offline}$ 비즈니스 모델에서 새로운 비즈니스 기회 영역을 찾아내기로 했다. 다음은 사장님의 당부사항이다.

> O2O 시장에서 우리 회사가 차별적인 경쟁력을 가질 수 있는 비즈니스 기회를 찾아봐주세요.
>
> ○○팀이 주도하여 테스크포스 팀을 구성해서 운영하도록 하세요. 기간이나 필요 자원은 충분히 지원할 테니 멋진 결과를 기대해보겠습니다.
>
> ─ 사장

C사는 사내에 별도의 테스크포스 팀을 운영하기로 했고, 이 팀은 사내 혁신 컨설팅 역할을 수행하고 있는 나무열매 팀에게 맡겨졌다. 이것이 의미하는 바는 나무열매 팀이 디자인씽킹에 기반하여 O2O 시장에서 새로운 기회를 찾아보라는 것이다. 평소 디자인씽킹으로 새로운 비즈니스 기회 영역을 발굴해내는 나무열매 팀에게는 설레이면서도 부담이 적지 않은 과제였다. 회사의 향후 비즈니스 향방이 자신들 손에 달려있기 때문이다. 하지만 늘 그래왔듯 패기로 똘똘 뭉친 나무열매 팀은 즐긴다는 마음으로 힘차게 과제를 수행하기 시작했다.

✛ O2O (Online to Offline) **✛**

온라인과 오프라인이 결합되는 현상(트렌드)를 말한다. 정보의 유통이 용이하고 비용이 적게 드는 온라인과 실제 소비가 일어나는 오프라인 매장의 장점을 접목하여 마케팅이나 비즈니스에 활용되고 있다. 여기서 온라인은 스마트폰을 활용한 모바일을 의미한다고 볼 수 있다.

문제에 어떤 방식으로 접근할 것인가

✖

O2O 시장에서의 비즈니스 기회 영역을 찾아야 한다고 해서 무작정 'O2O에서 뭘 해보면 좋을까?'라고 접근해서는 안 된다. 그런다고 답이 나오는 것은 아니기 때문이다. 나무열매 팀은 O2O 시장에서 좀 더 집중해야 할 영역

을 선정해보기로 했다.

O2O는 말 그대로 온라인(모바일)에서 정보, 상품, 서비스를 찾아 오프라인(매장 또는 서비스 제공자)으로 이어지게 하는 비즈니스 모델이다. 나무열매팀은 이러한 O2O 시장의 특장점에 집중해서 팀원들끼리 브레인스토밍을 진행하였다.

> O2O 시장 전체를 대상으로 할 수는 없으니 좀 더 집중할 영역을 찾아봅시다.

> 온라인과 오프라인을 연계해주는 상황이 자주 발생하는 경우를 고려해보면 좋을 것 같아요. 가령 온라인 정보가 필요한 경우, 그것도 바로바로 정보가 필요한 경우라면 적합하지 않겠어요?

> 그렇다면 가정, 직장, 학교, 매장 등을 생각해볼 수 있겠네요. 우선 가정을 살펴보는 건 어떨까요? 접근하기 쉽고 모두에게 나타나는 비슷한 상황이 있을 것 같아요. 여기서 찾아낸 해결책을 직장이나 학교, 매장 등으로 확장해보는 것도 괜찮을 것 같고요.

> 좋은 의견이네요. 가정에서 온라인 정보가 바로바로 필요하거나 정보의 수요가 있을 것 같은 경우라면, 맞벌이 부부를 대상으로 해보는 것도 좋을 것 같군요.

맞벌이 부부의 하루 일과라… 아주 좋은데요? 뭔가 숨겨진 욕구가
많을 것 같아요. 잘 찾아내면 맞벌이 부부를 위한 멋진 서비스가
탄생하겠는 걸요.

팀원 간의 집중 토론 결과, 다수의 의견이 '바쁜 맞벌이 부부'로 집중되었다. 직장생활과 육아를 병행해야 하는 특성상 온라인에서의 (상품, 서비스) 정보 수요가 두드러지게 나타날 것이라 예상했기 때문이다. 나무열매 팀은 **'어린 아이가 있는 맞벌이 가정에서 O2O 비즈니스 아이템 찾기'**로 과제명을 정하고 프로젝트를 진행하기로 하였다.

맞벌이 부부가 힘들어하는 것

✖

고객공감을 제대로 하려면 무엇보다도 어린 아이가 있는 맞벌이 부부의 생활을 직접 들여다보는 것이 필요했다. 나무열매 팀은 맞벌이 부부이거나 이들과 이해관계로 엮여있는 사람들을 나열해보았다. 이는 고객공감을 위한 인터뷰와 관찰조사를 수행할 대상자를 선정하기 위한 목적이었다.

인터뷰와 관찰조사와는 별개로 나무열매 팀은 이들이 현재 이용하고 있는 서비스, 매장 또는 그들만의 방법이나 행태를 파악해보기로 했다.

☆ 나무열매 팀의 인터뷰 개요 및 주요 질문들 ☆

1. 인터뷰 안내
- 진행자 소개, 진행 방식 · 소요 시간 안내, 비밀 유지 등

2. 인터뷰 대상자 자기소개
- 하루 일과는 어떠한가?

  (주중/주말, 직장/가정, 가족구성원(남편/아내) 등으로 분류하여 파악

- 라이프 스타일은 어떠한가?

  (취미, 최근 관심사, 가족 관계 특성, 스마트폰 이용 행태 등 파악)

3. 하루 일과의 상세 행태 파악(일과의 주요 단계별)
- 하루 일과의 전반적인 진행에 따른 주요 행동과 사고의 특징은 어떠한가?

  (하루 일과 진행에 따른 주요 활동 시간, 목적, 소요시간, 활동 주기, 이용 도구, 고려사항 · 문제점, 동행자, 이동수단 등 상세 파악)

- 하루 일과의 주요 행태 · 목적에서 활용하는 방법들의 특징은 무엇인가?

  (가사일, 육아, 쇼핑 · 장보기, 외출 등의 특성, 역할, 담당자, 문제점 등 이동 수단, 의사소통 · 연락 수단, 가족 공동의 활동 · 개별 활동에 따른 방법 분류 및 이용 행태 파악)

- 가족 구성원들 간 관계의 특성은 어떠한가?

  (남편 ↔ 아내, 남편 ↔ 아이 아내 ↔ 아이, 아이 돌보미 ↔ 아이 등 관계의 특성 및 문제점 파악)

4. 집안 관찰(집 안 주요 특징 파악)
- 맞벌이 부부의 행동 특성, 집안에서의 주중 · 주말 일과의 전반적인 진행에 따른 주요 행동과 사고의 특징은 어떠한가?

- 냉장고, 서랍, 옷장, 탁자 위 등의 물건, 배치, 용도 등 상세 파악

5. 인터뷰 마무리
- 추가 질문 및 인터뷰 종료

인터뷰 및 관찰 대상	– 아이를 키우고 있는 워킹맘(2명), 워킹대디(2명) – 유아 연령의 아이를 키우고 있는 전업주부(2명) – 맞벌이 부부 대신 육아를 도와주는 할머니(1명)
매장 관찰조사 대상	– 키즈카페 – 유아 어린이집

　인터뷰를 하기 전 나무열매 팀은 논의를 통해 왼쪽 페이지에서 보는 바와 같이 인터뷰 내용과 과정을 정리하였다.

연예인보다 더 바쁜 맞벌이 부부의 하루

✖

나무열매 팀은 사전 준비를 마친 후 조사 대상자들에 대한 인터뷰와 관찰 조사를 해나갔다. 이때 조사 대상자들이 사진 촬영이나 인터뷰에 너무 많이 의식하지 않도록 가능한 한 자연스럽게 진행하고자 했다. 우선 사전에 대상자들과 충분한 공감대를 형성하려 노력하였고, 관찰조사를 할 때는 대상자들이 최대한 평소처럼 행동할 수 있도록 분위기와 여건을 조성해주었다.

　예상을 하긴 했지만, 맞벌이 부부의 하루는 매우 바쁘고 정신이 없었다. 아침에 눈을 떠서 잠자리에 들기 전까지 잠시의 여유도 주어지지 않았다. 나무열매 팀은 인터뷰와 관찰조사를 통해 수집한 내용을 정리하여 맞벌이 엄

☆ 맞벌이 엄마의 여정지도 - 주중 ☆

아침 ┈┈▶ 낮 ┈┈▶ 저녁

기상 : 늘 피곤해서 일어나는 게 너무 힘들다.

출근 준비하기 : 아이, 남편 챙기다 보면 시간이 없어서 나를 위한 치장은 제대로 하지 못한다.

커피 한 잔하며 업무 시작하기

퇴근(운전) : 동료, 상사들보다 먼저 퇴근하기가 눈치 보인다.

남편, 아이와 식사 : 남편까지 함께하는 저녁은 일주일에 한 두 번 정도이다. 어쨌든 아이 챙기느라 여유가 없다.

아이 씻기고 옷 입히기 : 남편도 바쁜 출근길이라 도움이 되지 않는 것이 야속하다.

동료들과 점심 식사하기

아이 돌보미 아주머니 보내기
– 늘 돌보미 아주머니를 늦게 보내드려 미안하다.
– 돌보미 아주머니의 말투를 아이가 따라한다.

설거지(남편),방거실 청소(본인) : 몸이 너무 피곤하지만 청소를 안 할 수 없어서 대충한다.

아이 유치원에 데려다 주기(운전) : 길이 막히는 시간대라서 서두르다가 사고 위험을 자주 느낀다.

아이 준비물 챙기기 : 준비물을 깜빡해서 못챙겨 보내는 경우가 자주 생긴다.

점심 식사 후 아이 돌보미 아주머니와 통화(당부) : 아이가 아직 어려서 늘 비상상황일 수 있다. 긴장을 늦추면 안 된다.

유치원 선생님과 대화하기(당부)

저녁 장 본 것 냉장고에 넣기 : 식재료는 제때 냉장고에 보관해야 해서 가격이 좀 비싸더라도 정확하게 도착하는 마트를 이용한다.

tv 드라마 한 편 보고 취침 : 짧은 여유 시간이지만 피곤해서 온전히 즐겨지지 않는다.

아이와 남편 식사 준비하기

회사 출근하기(운전) :
– 늦게 들어가면 눈치가 보인다.
– 정신 없는 아침 탓에 하루의 시작이 멍하다.

오후 시간에 잠시 저녁 먹거리 장보기 (온라인 슈퍼)

아이 책 읽어주기 : 아이에게 책을 읽어주다가 잠시 졸기도 한다.

옆에서 아이 아침 챙겨 먹이기 : 아이 챙기느라 아이가 먹고 난 것으로 대충 때운다.

저녁 준비하기 : 식사가 늦어지면 잠자리에 들 시간도 늦어지니 마음이 조급하다.

마의 하루 일과를 '사용자 여정지도'로 그려보았다.

맞벌이 엄마는 아침에 일어나면 출근 준비는 기본이고, 아이들 옷 입히고, 아침 식사를 챙기고, 어린이집에도 데려다주어야 한다. 운동 시합을 치르듯 헐레벌떡 회사에 도착하기 때문에 기진맥진할 수밖에 없다. 에너지 충만하게 업무를 시작해야 능률도 오를 텐데 남들보다 분주하게 시작한 아침은 몸과 마음의 여유를 빼앗아 업무 효율을 떨어뜨리고 있었다. 게다가 어린이집에서 떨어지지 않으려고 하는 아이의 모습은 회사로 출발하려는 발걸음을 무겁게만 했다.

회사 업무를 마치면 맞벌이 엄마는 부랴부랴 집으로 향한다. 챙겨야 할 것들도 많다. 저녁 식사를 위해 마트에 들러야 하고, 어린이집 하원부터 퇴근 때까지 아이를 봐주었던 돌보미 아주머니로부터 아이를 넘겨받아야 한다. 직장생활을 위해 어쩔 수 없이 돌보미 아주머니에게 육아를 맡기긴 하지만 만족스럽지는 않다. 아이가 가끔씩 돌보미 아주머니의 말투와 행동을 따라하기 때문이다. 아이들은 주변 환경을 스펀지처럼 흡수하는 까닭에 돌보미 아주머니가 사투리를 쓰면 사투리를, 연변 말을 쓰면 연변 말을 따라하곤 한다. 이따금씩 나타나는 아이답지 않은 행동들도 유심히 들여다보면 돌보미 아주머니의 영향을 받은 것들이 많다. 그런 아이의 말과 행동을 접할 때마다 직장을 계속 다니는 게 맞는지 고민이 깊어진다.

맞벌이 아빠도 만만치 않게 바쁘다. 아침 출근 시간대의 전쟁터 같은 분주함은 맞벌이 엄마 못지않고, 퇴근 후 '이제 좀 쉬고 싶다'는 강렬한 욕구는 마음속에서 내려놓은 지 오래다. 아내가 식사 준비를 하는 동안 청소기를 돌리거나 아이와 놀아주어야 하고, 식사 후 설거지는 대부분 맞벌이 아빠 몫이

☆ 맞벌이 엄마의 여정지도 - 주말 ☆

아침 ⋯⋯▷ 낮 ⋯⋯▷ 저녁

기상 :
- 주중 피곤이 쌓여서 늦잠을 잔다.
- 오전 시간은 거의 침대에서 비몽사몽 상태로 보낸다.
- 소중한 주말 시간을 허비한다는 기분이 크다.

아이, 남편이랑 외출하기 :
- 아이를 위한 문화센터, 공원에서 뛰어놀기 등이 대부분이다.
- 문화센터는 엄마, 뛰어놀기는 아빠 몫이지만 흥이 나지 않는다.

마트 장본 것 냉장고에 챙기기 :
모두 주부의 육체노동을 필요로 한다.

남편과 대화시간 갖기 :
일주일 중 그나마 남편과 대화할 수 있는 시간이지만 피곤함과 여유가 없는 탓에 싸우는 경우가 자주 생긴다.

아침 경 점심 식사 준비해서 먹기

외출 돌아오는 길에 마트 들르기 :
- 주말에 먹을 식재료 구입은 주부에겐 그다지 재미 없는 일이다.
- 남편과 아이는 장난감과 자동차 용품 코너를 배회하며 따로 시간을 보낸다.

저녁 준비하기 :
남편과 아이는 tv에 빠져 있다.

tv 드라마 보고 취침 :
간만에 늦게까지 드라마와 예능을 다시보기로 본다.

집안 간단히 청소 :
주중에 미뤘던 빨래, 청소를 한꺼번에 처리한다. 육체노동이라 힘들다.

남편, 아이와 식사 :
주말 저녁은 일주일 중 소중한 시간이지만, 아이 챙기느라 여유가 없다.

설거지(남편), 방거실 청소(본인) :
아침에 청소를 했어도 저녁이 되면 다시 해야 할 정도로 집안이 어질러져 있다.

다. 퇴근 후에도 계속해서 집안일을 해야만 하는 현실이 맞벌이 아빠에게도 늘 불만과 부담일 수밖에 없다.

이런 상황 탓에 맞벌이 부부는 가볍게 주고받는 한 마디의 말들도 상처가 되어 부부싸움으로 이어지곤 한다. 부부싸움을 한 후 화해하고 나누는 이야기는 늘 비슷하다.

"도대체 뭘 위해 이렇게 사는 거지?"

"언제쯤 여유가 생길까?"

"주말엔 늦잠도 자고 그동안 하지 못했던 것들도 하고 싶다구."

평일보다 주말이 더 힘들어

✖

나무열매 팀은 조사의 영역을 맞벌이 부부의 평일뿐만 아니라 주말까지 포함시켜 진행했다. 평일과 주말의 행태가 분명 다르게 나타날 것이라 생각했기 때문이다. 조사 내용들을 정리하여 맞벌이 엄마의 주말을 사용자 여정지도로 그려보았다.

맞벌이 부부의 주말은 평일보다 더 여유가 없었다. 물론 회사를 출근하지 않기 때문에 마음의 부담은 덜하다. 하지만 집에 있다고 해서 쉴 수 있는 환경이 아니었다. 오히려 어린이집과 돌보미 아주머니가 해주던 육아를 전부 떠안아야 해서 육체적으로는 더 힘들었다.

어린이집이나 돌보미 아주머니와 지내온 까닭에 아이는 주말이 되면 엄마, 아빠와 바깥에 나가 놀고 싶어했다. 소파에 누워 TV 보는 즐거움을 누리려는 아빠는 가족에게 '공공의 적'이 된다. 맞벌이 부부도 나름 주말에는 바람을 쐬고 싶었던 터라 가까운 곳으로 나들이도 가고 외식을 즐기기도 한다. 이렇게 쏜살같이 빠르게 주말이 지나면 또다시 월요일 아침이 시작된다.

맞벌이 부부의 인터뷰 중에서 그들의 안타까운 마음을 느끼게 하는 부분이 있었다.

"아침부터 퇴근 후까지 바쁜 시간을 보내는 것은 맞벌이니까 당연한 거라 받아들이기로 했어요. 하지만 아이에게 미안한 마음이 크더라고요. 어떻게든 엄마, 아빠가 채줄 수 있는 것들을 채워보려고 노력해요. 그런데요, 예전에는 마음만 먹으면 영화 한 편 보는 건 우습게 할 수 있었거든요. 그런데 이제는 영화관에 가본 지가 언제인지 모르겠어요. 바빠서 힘든 건 어쩔 수 있지만 문화생활마저 포기해야 하다니 우울해지더라군요. 팝콘 하나 들고서 마음 편히 영화 한 편 볼 수 있다면 소원이 없겠어요."

맞벌이 부부에게 문화생활은 거의 찾아볼 수가 없었다. 아이가 잠든 뒤 잠시 TV를 보는 정도가 그나마 문화생활이라고 할 수 있을까? 뮤지컬, 오페라 관람은커녕 연극이나 영화 한 편 보는 정도도 쉽게 허락되지 않았다.

나무열매 팀은 맞벌이 부부의 문화생활에 초점을 맞추었다. 문화생활의 욕구를 충족시켜주는 방법은 여럿이 있을 테고, TV나 인터넷, 라디오, 독서 등에서 그것이 가능할 것이라 생각했다.

그러나 이게 전부일까? 깊은 곳에 뭔가가 더 있지 않을까? 나무열매 팀은 좀 더 신중해지기로 했다. 가령 맞벌이 부부가 원하는 문화생활이 '문화생활 = 콘텐츠 경험'인지 화두를 던져놓고 계속하여 논의를 진행한 것이다. 요즘 웬만한 영화는 TV로 대부분 볼 수 있다. 드라마나 음악 프로그램 또한 매우 잘 구비되어 있다. 만약 나무열매 팀이 '맞벌이 부부를 위한 콘텐츠 제공'으로 프로젝트 방향을 잡았다면 아마도 케이블 TV나 모바일 영화·드라마 등과 같은 비즈니스 모델을 염두에 두고 움직였을 것이다. 하지만 나무열매 팀은 성급한 결론에 도달하는 것을 경계하고 신중히 접근했다.

먼저 맞벌이 부부의 TV 시청 행태를 유심히 살펴보았다. 평일에는 퇴근 후 아이와 함께 시간을 보내느라, 주말 역시 아이와 함께 외출을 하느라 집 안 TV는 그다지 많이 활용되고 있지 못했다. 뉴스나 드라마, 예능 한두 편 보는 정도에 그쳤다. 그렇다면 맞벌이 부부에게 정말로 필요한 것은 무엇일까?

그 어떤 콘텐츠도 채워주지 못하는 욕구

✖

나무열매 팀은 분석과 논의를 계속해나갔다. 그리고 마침내 키워드 하나를 찾아냈다. 그것은 바로 '아이'였다. 맞벌이 부부를 인터뷰하는 동안 무척 자주 반복되는 표현이 있었다.

"아이 때문에…."

"아이가 있어서…."

아이는 맞벌이 부부에게 매우 소중한 존재이다. 아침부터 분주히 움직이는 것도 어쩌면 아이를 위한 일들이고, 퇴근 후 지친 몸을 이끌고 아이와 놀아주는 것도 아이와의 행복한 시간을 만들기 위함이다. 쉬고 싶은 마음을 누르고 주말에 나들이를 가는 것 또한 마찬가지다. 아이와의 행복한 시간. 이는 가족 구성원 모두가 바라는 바였다.

그런데 행복하게 해주고픈 아이가 짐이 되는 상황이 되어 힘들고 짜증이 나는 것이다. 가령 어린 아이가 있으면 영화관에서 영화를 보는 것은 거의 불가능에 가깝다. 영화 중간 징징 울고 떼를 쓰는 바람에 서둘러 영화관을 나와버린 안 좋은 기억. 한 번쯤 있지 않은가? 그렇다고 아이가 좋아할 만한 영화를 보자니 문화생활을 했다는 느낌이 들지 않는다. 게다가 영화 한 편 보고 싶을 때는 대개 어린이집도, 돌보미 아주머니도 도움을 받을 수 없는 시간대이다. 그러니 문화생활은 그저 아이가 클 몇 년 동안 참아야 하는 욕구가 되어버린 셈이다.

언제든 믿고 맡길 수만 있다면

✖

나무열매 팀은 지금까지 진행한 인터뷰와 관찰조사 결과를 바탕으로 다음과 같은 맞벌이 부부의 '미충족 요구사항'를 정의하고 이를 해결하기로 결정했다.

✚ **맞벌이 부부의 미충족 요구사항** ✚

언제든 잠시라도 아이를 믿고 맡길 수 있으면 좋겠다.

맞벌이 부부들이 궁극적으로 원하는 것은 연극이나 영화와 같은 '콘텐츠' 가 아니었다. 그들이 원하는 것은 단 몇 시간만이라도 부부가 마음 놓고 보낼 수 있는 시간이었다. 언제든 안심하고 아이를 맡길 수 있는 서비스가 있다면 여유롭게 영화 관람도 즐길 수 있을 것이다. 또한 급하게 아이를 맡겨야 하는 상황이 발생했을 때 마음놓고 아이를 맡길 수 있으므로 삶의 질이 더할 나위 없이 좋아질 것이다.

나무열매 팀은 맞벌이 부부의 미충족 요구사항을 해결하기 위한 디자인 기준을 3가지로 정리하였다. 그들은 이 원칙에 기반하여 여러 가지 아이디어를 도출할 것이다.

✚ **나무열매 팀의 디자인 기준** ✚

원칙1. 언제 어디서든 손쉽게 이용 가능해야 한다

- 아이를 맡겨야 하는 상황은 언제든 발생할 수 있다. 따라서 낮 시간에만 운영되는 어린이집이나 돌보미 서비스와 달리 언제나 가능해야 한다.

- 여유 있게 계획하기 어려운 상황이 있을 수 있으므로 번거로운 과정 없이 쉽고 빠르게 이용할 수 있어야 한다.

- 서비스 이용을 위한 이동 시간이나 이동 거리가 장애요인이 되면 안 된다. 즉 서비스 이용을 위한 시간이나 장소 이동이 최소화되어야 한다.

원칙2. 믿고 맡길 수 있어야 한다

- 아이를 맡기는 서비스인만큼 서비스의 전문성과 신뢰도가 최우선되어야 한다.

- 아이의 상태를 언제든지 확인할 수 있어야 한다.

원칙3. 재미있고 유익한 시간이어야 한다

- 돌봄 시간은 아이와 부모 모두가 만족할 만큼 재미있고 유익한 콘텐츠가 제공되어
  야 한다.

언제 어디서나 이용할 수 있는 아이 돌봄 서비스

✖

위의 3가지 디자인 기준에 맞는 아이 돌봄 서비스를 만들기 위해 나무열매 팀은 자체적으로 브레인스토밍을 했을 뿐만 아니라 이와 병행하여 실제 서비스 사용자가 될 4쌍의 맞벌이 부부를 초대하여 아이디어를 도출하는 시간을 가졌다.

> 언제 어디서든 이용이 가능하려면 스마트폰에서 서비스를 제공하는 것이 좋을 것 같아요.

> 거기에 의견을 더해보자면, 서비스를 제공해줄 사람의 대기 상태를 확보하는 것이 중요해 보여요. 그러자면 사용자가 있는 곳에서 가장 가까운 서비스 제공자의 위치와 시간을 연결해주는 것이 필요할 듯하고요.

> 믿고 맡길 수 있는 서비스가 되려면 공신력 있는 기업이나 기관이 보장해주어야 해요. 또한 사용자들로부터 서비스 이용 평가를 받아 일정 수준 이상의 서비스 제공자를 선택할 수 있도록 해주는 방법도 좋을 것 같고요.

> 맞아요. 육아 자격증이 있거나 아동 교육을 전공한 사람들을 연결시켜주는 것이 중요해요.

아이디어 회의는 오랜 시간 이어졌다. 마침내 나무열매 팀이 도출한 아이디어는 다음과 같다.

✚ 나무열매 팀의 아이디어 도출 ✚

언제, 어디서나 제약 없이 주문부터 결재, 사후관리까지 쉽고 편리하게 이용할 수 있는 위치기반 서비스와 모바일 결재 기능이 포함된 아이 돌봄 서비스 어플을 개발한다.

도출된 아이디어는 1차적인 아이디어 수준이었기 때문에 콘셉트를 프로토타입화하여 맞벌이 부부들을 대상으로 몇 차례의 테스트와 수정 작업을 거쳤다.

아이 돌봄 서비스를 언제든지 바로 이용할 수 있으려면 사용자의 현재 위치를 인식해 인근에 있는 서비스 제공자와 연결해주는 것이 중요했다. 또한 서비스의 신뢰도와 전문성을 담보하려면 믿을 수 있는 플랫폼 제공회사가 관리하고 있음을 인지시키는 것이 필수였다. 아이를 맡기는 만큼 서비스 제공자(돌보미)의 전문성, 신뢰도, 경험 등에 대한 정보도 확인할 수 있도록 해야 했다. 나무열매 팀은 사용자 화면에서의 광고 수수료, 사용 결제 수수료 등의 수익 모델도 신중하게 고민하며 진행해나갔다.

맞벌이 부부의 일상에서 찾아낸 사용자의 미충족 요구사항을 해결하는 나무열매 팀의 디자인 프로젝트는 이해관계자들에게 큰 의미로 다가왔다.

우선 맞벌이 부부들에게는 육아 스트레스에서 벗어나 문화생활을 즐길 수 있는 기회가 생겼다. 뿐만 아니라 언제든 아이를 믿고 맡길 수 있는 도우미가 있다는 사실만으로도 직장 업무에 몰입할 수 있었다. 육아 경험이 있는 유휴 인력(전업주부)이나 전문성을 보유한 대학생(육아교육 전공)들에게는 취업·부업의 기회가 되었다. 사회적 측면에서 보자면 육아의 어려움으로 출산을 기피하는 현상을 줄이는 데 조금이나마 기여할 수 있었고, 기업 입장에서 보자면 사회적 기업으로의 이미지 제고가 충분히 가능했다. 물론 O2O 서비스로 시장에 진출하는 멋진 기회도 되었다.

나무열매 팀은 그동안의 과정들을 돌아보며 몇 가지 교훈점을 정리했다.

> 회의실 책상에서 회의와 미팅을 통해 아이디어를 내라고 했다면 실제 맞벌이 부부들의 깊이 있는 애환을 제대로 읽어내지 못했을 거예요. 아마 맞벌이 부부용 콘텐츠 제공 서비스로 방향을 잡았을지도 몰라요.

> 사용자 조사라는 게 매우 중요하고 신중함이 요구되는 작업임을 되새기게 되었어요. 사용자는 무엇이 불편하고 필요한지 정확히 말하지 못하는 것 같아요. 디자인씽킹을 수행하는 우리가 사용자 내면에 숨어있는 욕구를 찾아내야 하죠.

> 디자인씽킹은 혼자서는 할 수 없겠다는 생각이 들어요. 자칫 나만의 편견이나 오해가 생길 수 있고, 내 경험에만 비추어 생각하는 오류를 범할 수 있으니까요. 배경지식과 경험이 다른 여러 팀원들이 함께 논의하고 분석하다 보면 넓고 깊게 파헤쳐볼 수 있어 좋습니다.

나무열매 팀은 프로토타입을 좀 더 정교하게 다듬은 후 시장에 내놓을 준비를 마쳤다. 그들은 그동안 함께 달려온 서로를 격려하며 설렘과 흥분의 시간을 충분히 만끽했다.

독자에게 드리는 질문

1. 이 사례에서 디자인 프로젝트를 성공으로 이끌었던 가장 중요한 단계는
   언제였으며 프로젝트의 팀원들은 그 단계에서 무엇을 했는가?

2. 이 사례를 성공으로 이끌었던 요인 중에서 귀하가 향후에 추진할 (또는 현재
   추진하고 있는) 프로젝트에 적용해볼 수 있는 요인은 무엇인가?

3. 귀하가 이 프로젝트 팀의 팀장이었다면 프로젝트의 성과를 보다
   극대화하기 위해 어떤 단계에서 무엇을 더 해볼 수 있었겠는가?

4. 위의 3가지 질문 중 귀하가 프로젝트 팀원들과 함께 해답을 찾아보고 싶은
   질문은 무엇인가? 그 이유는?

CASE #4
드라이플라워숍의 문제를 해결한 학생들
— 전북대학교 '창의적 문제해결' 수업 과제 —

2016년 12월 중순의 어느 날 오전 11시. 전북대학교 상과대학 2호관의 111호 강의실에서 '창의적 문제해결' 수업의 마지막 발표가 시작되었다.

한 학기 동안 8개 팀으로 구성된 40여 명의 학생들이 디자인씽킹 프로세스에 기반을 둔 프로젝트를 수행하고 그 결과를 평가받는 시간이었다.

첫 번째 발표 팀인 RIP^{Real Interesting People} 팀이 발표를 마칠 즈음, 30대 중반 정도로 보이는 남성이 강단으로 뚜벅뚜벅 걸어 나오더니 한 마디만 하고 싶다며 발언권을 요청했다.

"저는 드라이플라워숍 '플라워랩'의 사장 김우태라고 합니다. RIP 팀 학생들에게 진심으로 감사의 마음을 전하고 싶어 실례를 무릅쓰고 이 자리에 섰습니다. RIP 팀이 제안한 아이디어를 실행했더니 지금껏 고민만 했던 매출과 가게 인지도가 눈에 띄게 향상되었습니다. 사실 제가 서울에서 물건을 사오느라 오늘 새벽 3시에 전주 집에 도착했는데요. 평소 같으면 아직 자고 있을 텐데 오늘 이 발표 시간에 오려고 일찍 일어났습니다. 진심으로 고맙습니다. 수업을 이끌어주신 교수님께도 감사드립니다."

나머지 7개 팀의 발표가 끝나고 교수는 학기 초에 약속했던 대로 최우수팀을 선정해서 그 팀의 사례를 이 책에 싣겠노라고 이야기했다.

그로부터 일주일 후, 학생들은 자신의 팀을 제외한 7개팀 중 1, 2, 3등을 선정하여 교수에게 전달했고, 교수는 자신의 평가 70%, 학생들의 평가 30%를 반영하여 최우수팀을 선정했다. 그 결과는? 디자인씽킹을 활용하여 플라워랩의 문제를 멋지게 해결해준 RIP 팀이 영예의 1등을 차지했다.

RIP 팀원들과 플라워랩 사장
(왼쪽부터 조형범, 박재진, 정동규 군, 김우태 사장, 김도연 양)

지금부터 5명으로 구성된 RIP 팀의 프로젝트 결과 보고서를 토대로 그들의 영웅담을 소개하고자 한다. 사례를 기술함에 있어 RIP 팀이 제출한 보고서의 내용을 이 책의 구성에 맞게 순서를 바꾸고 일부 내용을 수정보완했음을 일러둔다.

디자인 개요를 작성하다

✖

RIP 팀이 프로젝트를 시작한 후 제일 먼저 한 일은 플라워랩의 김 사장을 인터뷰한 일이었다. 인터뷰에서 김 사장은 가게가 전북대 후문에서 꽤 멀리 떨어져 있어 인지도가 낮고, 이런저런 이유 때문에 매출이 적은 것이 고민이라고 토로했다. RIP 팀은 김 사장과의 인터뷰를 마친 후 다음과 같은 디자인 개요를 작성했다.

RIP 팀이 맡은 드라이플라워 전문점 '플라워랩'은
전북대학교에서 쉽게 발걸음하기 어려울 만큼 멀리 떨어져 있었다.

☆ RIP 팀이 작성한 디자인 개요 ☆

프로젝트 개요	RIP 팀은 다양한 고객들의 흥미를 이끌어 플라워랩 매장으로 유입을 시키는 데 도움을 주고 궁극적으로는 매장의 매출과 고객 점유율을 증가시킬 수 있을 것이다.
범위	– 최초 범위는 드라이플라워를 구매하는 사람들과 그들의 필요사항을 이해하는 데 있다. 이 목표를 위해 실제 드라이플라워를 사는 고객을 대상으로 인터뷰와 관찰조사, 직접 경험을 진행할 것이다. – 우리에게 기회로 작용할 수 있는 요인은 기념일, 용돈을 받는 날, 매장 앞을 지나가는 방향, 경쟁 매장 등이 있을 것이다.
제약 요인	– RIP 팀원들이 프로젝트를 위해 할애할 수 있는 시간이 한정되어 있다. – 프로젝트 추진을 위해 쓸 수 있는 예산이 매우 한정적이다.
목표 고객	– 매장을 방문하는 대상 전체를 포함한다. – 에스노그라피 전략적 조사를 통해 좀 더 집중된 대상으로 조정한다.
탐구 과제	이 프로젝트에서는 다음의 질문에 대해 탐구할 것이다. (여기서 고객은 실제 매장 유동고객과 잠재적인 고객 모두를 포함한다.) – 고객은 인구통계적, 심리통계적으로 어떤 특징을 지니고 있는가? – 고객의 고통점과 니즈는 무엇인가? – 고객의 가치창출을 극대화시킬 방안은 무엇인가? – 우리는 고객의 니즈를 충족시키기 위해 어떤 방식으로 서비스를 제공할 수 있을까?
장기적 관점의 기대 효과	경쟁 매장보다 플라워랩이 고객에게 더 큰 가치를 제공할 수 있게 한다.
성공(평가) 지표	– 매장을 방문한 사람들의 인구통계적, 심리통계적 특성을 잘 해석했는가? – 그들의 고통점과 니즈를 정확히 발견했는가? – 니즈를 충족시키기 위한 서비스를 알맞게 개발했는가? – 유입 고객의 증가와 고객점유율의 증대로 이어졌는가?

고객공감 어떻게 할 것인가?

✖

디자인 개요를 작성한 RIP 팀은 고객공감을 위해 설문조사, 인터뷰, 직접 조사라는 3가지 작업을 수행했다. 그리고 여기서 얻은 시사점을 정리했다.

첫째, 드라이플라워 구매 경험이 있는 20~30대 고객 15명을 대상으로 설문조사를 했다.

둘째, 고객의 범주에 포함되는 친구 4명에게 그들이 작성한 고객 이동경로를 따라 단계적으로 걸어가 보라고 요청한 후 이들을 심층 인터뷰했다.

셋째, 팀원 모두가 아래에서 보는 바와 같은 고객 이동경로에 따라 드라이플라워 구매 과정을 직접 체험한 후 생각한 점과 느낀 점을 공유했다.

☆ RIP 팀이 작성한 고객 이동경로 ☆

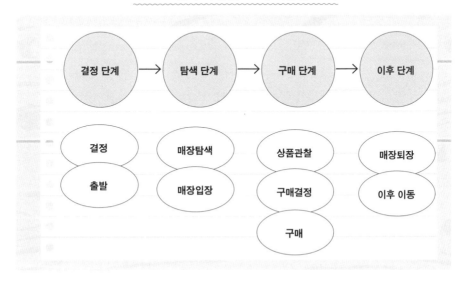

☆ RIP 팀이 작성한 고객공감 활동과 시사점 ☆

설문조사	– 드라이플라워를 좋아하는 고객들은 매장 위치에 상관없이 매장을 방문한다. – 고객들은 드라이플라워가 모두 비슷하다고 생각한다.
인터뷰	– 드라이플라워 매장 간의 서비스는 크게 차이가 없다고 느껴진다. – 드라이플라워를 구매해본 적이 있기 때문에 가격대 또한 크게 신경쓰이지 않는다. – 드라이플라워를 구매할 때 매장 외관은 크게 신경쓰지 않는다. – 드라이플라워가 모두 비슷하다고 느껴져서 그냥 자기가 보기에 예쁜 걸 선택하게 된다.
직접 체험	– 드라이플라워에 관심이 없을 땐 플라워랩 매장이 학교 정문에서 멀다고 느껴진다. – 선물을 하기 위해 드라이플라워 매장을 방문하고 상품을 고르는 과정에서 나의 노력을 느낄 수 있다. – 드라이플라워를 구매한 후 편지지(엽서)를 사러 가는 거리가 굉장히 멀게 느껴졌다.

문제를 정의하라

✖

고객공감 과정을 성공적으로 마친 RIP 팀은 다음 단계인 '문제정의' 단계
로 나아갔다. 문제정의 단계에서 이들이 수행했던 첫 번째 과업은 고객공감
과정, 즉 인터뷰, 설문조사, 직접 체험의 결과를 분석하는 작업에서 가장 흥
미롭다고 생각했던 두 개의 차원을 선택해서 2×2 매트릭스를 작성한 일이
었다. 이를 위해 RIP 팀은 드라이플라워에 대한 관심도의 높고 낮음, 선물
을 살 때 자기 자신을 위한 선물인지 아니면 다른 사람을 위한 선물인지를
기준으로 4분면을 만들고 인터뷰 대상자 4명과 팀원 4명을 각각의 4분면에
배정했다. 그들은 수업에서 배운대로 각 4분면에 해당하는 고객들을 지칭
할 명칭을 고안해냈다.

☆ 고객 유형으로 분류한 페르소나 ☆

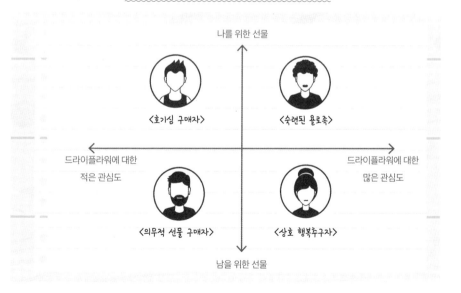

☆ 고객 유형별 페르소나의 특징 ☆

호기심 구매자 '정우'	– 정우는 드라이플라워를 구매해본 경험이 없다. – 정우는 드라이플라워 매장을 호기심으로 방문했다. – 정우는 막상 방문해보니 드라이플라워가 예쁘고 나를 위한 선물로 적당할 것 같아 구매했다. – 정우는 이번 구매 경험을 통해 앞으로 드라이플라워에 대해 더 알아보고 싶은 마음이 들었다.
숙련된 욜로족 '연주'	– 연주는 드라이플라워를 자주 구매한다. – 연주는 기분이 꿀꿀할 때나 시험이 끝났을 때 나를 위한 선물을 사고 싶어 드라이플라워를 구매한다. – 연주는 항상 그렇듯이 드라이플라워 매장을 방문했다. – 연주는 사장님과 친하므로 드라이플라워를 구매할 때 특별한 대우를 받으면 좋겠다고 생각한다.
의무적 선물 구매자 '성수'	– 성수는 드라이플라워를 구매해본 경험이 없다. – 성수는 사람들이 드라이플라워를 선물 목적으로 구매한다고 생각한다. – 성수는 기념일에 여자친구에게 드라이플라워를 선물하려고 한다. – 하지만 성수는 드라이플라워를 잘 모르기 때문에 매장 주인이 골라주는 가장 예쁜 드라이플라워를 구매한다.
상호 행복 추구자 '은수'	– 은수는 드라이플라워를 구매해본 경험이 많다. – 은수는 항상 그렇듯이 드라이플라워 매장을 방문했다. – 은수는 드라이플라워를 구매할 때 상대방도 좋은 감정을 느꼈으면 좋겠다고 생각한다.

☆ 플라워랩 고객의 이동경로별 고통점 ☆

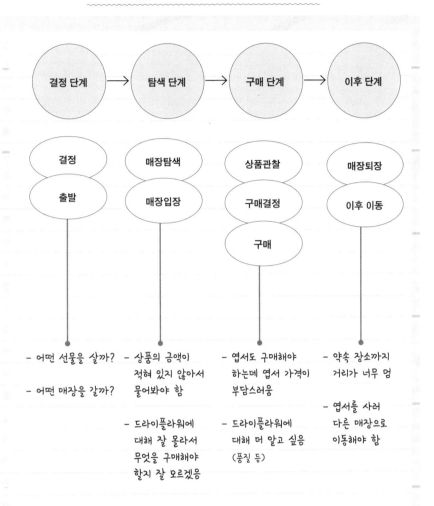

| 결정 단계 | → | 탐색 단계 | → | 구매 단계 | → | 이후 단계 |

결정 단계
- 결정
- 출발

- 어떤 선물을 살까?
- 어떤 매장을 갈까?

탐색 단계
- 매장탐색
- 매장입장

- 상품의 금액이 적혀 있지 않아서 물어봐야 함
- 드라이플라워에 대해 잘 몰라서 무엇을 구매해야 할지 잘 모르겠음

구매 단계
- 상품관찰
- 구매결정
- 구매

- 엽서도 구매해야 하는데 엽서 가격이 부담스러움
- 드라이플라워에 대해 더 알고 싶음 (품질 등)

이후 단계
- 매장퇴장
- 이후 이동

- 약속 장소까지 거리가 너무 멈
- 엽서를 사러 다른 매장으로 이동해야 함

두 번째 작업으로 RIP 팀은 지금까지의 인터뷰와 직접 체험 결과를 토대로 심층적인 논의를 거쳐 4개의 페르소나를 좀 더 상세하게 묘사하는 작업을 수행했다.

세 번째로 RIP 팀은 고객들이 가진 고통점을 고객 이동경로에 맞추어 표현하기 위한 도구로 사용자 여정지도를 선택하여 사용자의 고통점을 어떻게 해결해줄 것인지를 깊이 고민해보았다.

RIP 팀이 문제정의 단계에서 마지막으로 한 작업은 사용자 여정지도를 통해 발견한 고객들의 고통점을 해결할 아이디어를 탐색하는 데 도움이 될 만한 핵심 질문들, 즉 디자인 코어에 해당하는 질문을 만드는 일이었다. 열띤 토론을 통해 이들은 다음의 3가지 질문을 디자인 코어로 선정했다.

✚ RIP 팀의 디자인 코어 ✚

– 백화점에서는 공간적 제약, 시간적 제약을 어떻게 해결하고 있을까?

– 전문성 있는 브랜드로 인식되려면 어떻게 해야 할까?

– 고객들은 북유럽 문화에 대해 어떻게 인식을 하고 있을까?

아이디어를 도출하고 콘셉트를 개발하다

✖

RIP 팀은 학생들답게(?) 매우 모범적으로(!) 문제정의 단계의 마지막 작업에서 도출했던 3가지 디자인 코어에 대해 3일 동안 각자 생각을 해보고 함께 모여서 이야기를 나눈 다음 팀원별로 각각의 질문에 5개의 아이디어를 내는 회의를 진행했다. 그 결과 75개(3개 질문×1인당 5개×5명)의 아이디어가 도출되었다. 지면 관계상 75개 아이디어 모두를 소개하지 못함을 양해하길 바란다.

다음 미팅에서 RIP 팀원들은 75개의 아이디어를 토대로 콘셉트를 개발했다. 역시 최우수팀답게 이들은 수업시간에 배운대로(!) 콘셉트 개발의 4단계 (브레인스토밍 결과 검토와 아이디어 분류 → 고정주제 선택 → 실제 콘셉트 개발 → 냅킨 피치 작성)를 충실하게 따라 4개의 아이디어를 고정주제로 선택했다.

✚ RIP 팀의 고정주제 ✚

– 백화점이나 마트처럼 여러 구매경험을 해볼 수 있도록 상품을 묶어보면 어떨까?

– 스케이트보드 브랜드 '트래셔'가 매거진을 통해 전문성을 드러냈듯이 매거진을 만들어보면 어떨까?

– 드라이플라워 관련 강연이나 포럼을 개최해서 전문성을 홍보하면 어떨까?

– 오랫동안 꾸준히 매장을 방문할 수 있도록 고객에게 마일리지를 제공하면 어떨까?

RIP 팀은 이 4개의 고정주제를 기준으로 75개의 아이디어를 조합해보았고, 흥미로운 과정을 거쳐서 두 개의 콘셉트를 개발했다. 다음 페이지는 이를 냅킨 피치 형태로 표현한 것이다.

☆ RIP 팀이 작성한 냅킨 피치 ☆

냅킨 피치 1. 선물 고객을 위한 무료 기프트카드

필요	접근
드라이플라워를 선물 목적으로 구매하는 고객들은	플라워랩은 기프트카드를 무료로 제공한다.
– 일반적으로 드라이플라워와 동시에 엽서를 선물한다. – 드라이플라워와 엽서(기존 매장 제품)를 동시 구매하기엔 금전적으로 부담이 된다. – 플라워랩과 엽서를 파는 매장이 멀다. – 엽서를 구입한 후 쓸 장소를 고민한다.	– 기존 플라워 엽서보다 작은 사이즈의 무료 기프트카드를 제공한다. – 플라워랩은 기프트카드를 작성할 수 있는 공간을 추가적으로 제공할 수 있다. – 카드를 작성하는 고객들과 이야기하면서 드라이플라워에 대한 정보를 제공한다. – 카드를 무료로 제공한다는 내용을 매장 외관에 게시한다.
혜택	**다른 서비스 제공업체**
– 고객은 엽서 구매 비용을 절약할 수 있다. – 고객들은 시간을 절약할 수 있다. – 카드를 작성하는 시간 동안 드라이플라워에 대한 정보를 더 얻을 수 있다.	– 전북대 내에서는 존재하지 않음 – 백화점 내 일부 매장(루이비통, 키엘 등)

냅킨 피치 2. 드라이플라워 매거진

필요	접근
드라이플라워를 선물 목적으로 구매하는 고객들은	플라워랩은 드라이플라워 매거진을 배포한다.
– 일반적으로 모든 매장의 꽃이 비슷하다고 생각한다. – 드라이플라워에 대해서 더 알고 싶어한다.	– 가볍게 볼 수 있는 매거진을 제작한다. – 학교 정문에 게시대를 설치하여 배포한다. – 이를 통해 드라이플라워에 대한 정보를 제공하고 매장 홍보를 진행한다.
혜택	**다른 서비스 제공업체**
– 드라이플라워에 대한 정보를 더 얻을 수 있다. – 플라워랩에 대한 전문성 및 신뢰를 확보할 수 있다.	– 전북대 내에서는 존재하지 않음.

프로토타입을 테스트하고 보완하다

✖

RIP 팀이 다음으로 한 일은 프로토타입을 제작하는 것이었다. 최우수팀인 RIP 팀은 이번에도 성실하게 작업해나갔다.

먼저 두 개의 콘셉트 중에서 김 사장 마음을 사로잡았던 무료 기프트카드를 3가지 형태로 구상한 다음, 각 프로토타입의 간단한 설명과 제작비용, 장단점 비교와 추가 서비스 이용방안 등을 한 장으로 정리해서 김 사장에게 보여주었다.

자, 여러분이 김 사장이었다면 이들의 정성과 노력에 감동하지 않겠는가? RIP 팀이 김 사장에게 제공했던 프로토타입은 다음 페이지에서 보는 바와 같다.

여기까지 작업을 마친 RIP 팀원들은 디자인씽킹 프로세스의 마지막 과업에 도전했다. 자신들이 고안해낸 콘셉트가 실제로 고객에게 받아들여질지 테스트하기로 한 것이다. 또한 그 과정에서 얻은 교훈들을 토대로 자신들이 만들었던 프로토타입 중 어떤 것이 고객에게 가장 크게 어필하는지 결정하고 해당 프로토타입을 어떤 식으로 수정·보완할지를 학습하기 위해 '학습을 위한 론칭'을 수행해나갔다.

5단계에 걸친 RIP 팀원들의 정성어린 노력은 곧 플라워랩 매출과 인지도 향상에 기여했다. 이를 옆에서 지켜본 김 사장은 학생들의 열의에 감동하였고, 이에 수업시간에 찾아와 학생들에게 진심어린 감사의 말을 전하게 된 것이다.

☆ RIP 팀이 작성한 프로토타입 ☆

종류	롤링형	접지식	명함식
사이즈	170×187mm	60×140mm	52×86mm
유사 제품 이미지			
설명	- 원고지처럼 제작해 글을 쓰는 느낌을 잘 전달하게끔 제작 - 종이를 묶어서 지끈으로 묶는 식	- 명품 브랜드의 개런티 카드처럼 고급스러운 소재로 사용 - 카드 외부에는 브랜드 홍보, 내부에는 글을 쓸 수 있는 무지 공간 제공	- 카드 앞면에는 인상적인 문구 또는 매장 로고 삽입 - 카드의 뒷면에는 From, To를 삽입 하여 명함 같은 느낌 상쇄
제작 비용	1천 장 기준 71,800원 (칼라 지끈 10m 500원)	1천 장 기준 63,800원	1천 장 기준 28,300원
장점	- 디자인이 독특해서 인상적이다(소비자 기억 에 유리) - 글 내용을 많이 적을 수 있다.	- 제일 고급스럽다. - 글의 내용을 숨길 수 있다. - 글 내용을 많이 적을 수 있다.	- 비교적 가격이 저렴 - 기존 택으로도 대용이 가능(대체성 용이). - 로고를 잘 나타낸다. (브랜드를 자연스럽게 노출 시킬 수 있다.)
단점	- 비교적 예산이 많이 든다. - 로고 노출이 어렵다. - 꽃과 어우러지기 힘들다. - 잘 보이지 않는다.	- 명함식에 비해 예산 이 더 든다.	- 너무 평범하다. - 내용을 많이 적지 못한다.
추가 서비스 이용 방안	- 기프트카드를 작성한다는 분위기를 연출하기 위한 펜, 책상패드를 함께 중앙 테이블에 배치하고 조명에 신경을 쓴다(스테이들러 필기구 세트 약 25,000원, 이케아 책상패드 2개 10,800원). - 매장 외부에서 글을 쓰는 사람의 모습이 보이도록 매장 내부 유리 앞 진열장을 제거한다.		

☆ RIP 팀이 작성한 학습을 위한 론칭 계획 ☆

기프트카드 서비스에 대한 학습을 위한 론칭 계획

제1차 학습을 위한 론칭	– 대상 집단(고객/이해관계자) : 플라워랩 방문 고객 – 론칭 장소 : 플라워랩 매장 – 실감나도록 진행할 방법 : 사장이 직접 진행, 콘셉트 내용에 충실하게 진행 – 소요 예산 : 10만 원(기프트카드 제작 비용) – 시한 : 2016년 11월 30일까지

이번 론칭에서 검증해야 할 아직 검증되지 않은 가정	성공 판단 지표(기준)	실패 판단 지표(기준)
1. 명확한 소비자 가치 : 기프트카드 서비스를 이용해 고객들이 시간적, 공간적 제약을 해결할 수 있어야 할 것이다. 2. 매출에 대한 영향 : 드라이플라워 엽서 등 제품의 매출에 지장을 주어서는 안 된다. 3. 소비자 인식 : 소비자가 인식하기에 매장의 콘셉트와 다른 느낌 을 주어선 안 된다.	– 실험 기간 동안 매장을 방문한 고객의 60% 이상 이 서비스를 이용할 것이다. – 실험 후 상품군의 2/3 이상의 매출이 실험 전 같은 기간 대비 하락하지 않는다. – 실험 후 설문조사에서 80% 이상이 이질감을 느낀 적이 없다고 응답한다.	– 실험 기간 동안 방문고객의 70% 이상이 서비스를 이용 하지 않는다. – 실험기간 동안 상품군의 2/3 이상의 매출이 실험 전 같은 기간 대비 70% 이하로 감소한다. – 실험 후 설문조사에서 50% 이상이 이질감을 느꼈다고 응답한다.

독자에게 드리는 질문

1. 이 프로젝트를 추진한 경험이 RIP 팀 팀원들에게 어떤 영향을 미쳤을
   것이라고 생각하는가?

2. RIP 팀이 수행한 디자인 프로젝트의 핵심 성공요인을 무엇이라고
   생각하는가?

3. 이 사례에서 귀하가 앞으로 추진할 프로젝트에 적용하고 싶은
   내용(예를 들어 기법, 도구, 프로세스 등)은 무엇인가?

4. 위의 3가지 질문 중 귀하가 프로젝트 팀원들과 함께 해답을 찾아보고 싶은
   질문은 무엇인가? 그 이유는?

CASE #5
노인 무료급식을 다시 생각하다

— 덴마크 굿 키친 —

2008년 덴마크 중앙 뮐란 지역에 위치한 인구 5만 8,000여 명(2016년 기준 위키피디아)의 작은 도시인 홀스테브로Holstebro시는 디자인 전문회사인 해치앤블룸Hatch&Bloom 사와 함께, 시에서 운영하는 노인 무료급식시설 '친절한 음식 서비스Hospitable Food service'(이하 HFS)의 서비스와 고객만족도를 개선하는 프로젝트에 디자인씽킹 방법론을 적용하여 큰 성과를 거두었다.

지금부터 이 프로젝트의 배경과 진행과정, 디자인씽킹의 기여와 성과에 대해 알아보도록 하겠다.[2]

2008년 덴마크 무료급식 대상 노인 인구는 약 12만 5,000명이었다. 여러 가지 이유로 이들 중 약 60%는 영양 상태가 불량한 것으로 조사되었으며, 이 중 약 20%는 실제로 심각한 영양실조 상태인 것으로 나타났다. 영양 상태 불량 현상은 이들에 대한 의료비 증가를 의미하는 것으로 이들을 보호해야 하는 국가의 재정 부담을 초래하는 매우 심각한 문제 중 하나였다.

이 문제를 바라보는 시 당국의 초기 관점은 매우 단순했다. HFS의 급식 메뉴가 좋지 않아서 노인들이 배달되는 음식을 잘 먹지 않는다는 것이었다. 따라서 시 당국은 급식 메뉴를 보완해야 한다는 입장이었다.

친절하지 않았던 '친절한 음식 서비스'

✖

해치앤블룸 팀은 노인들의 행동, 니즈, 희망사항 등을 깊이 조사하는 방법으로 '에스노그라피' 방식을 활용했다.

✚ **에스노그라피** (Ethnography)✚

에스노그라피란 '민족', '종족'을 뜻하는 ethno와 '기술하다', '기록하다'는 뜻의 graphy의 합성어이다. 서양의 인류학자들이 아프리카 특정 종족의 관습이나 종교의식을 이해하기 위해 일정 기간 동안 그들과 함께 생활하며 연구하는 방식에서 유래한 질적 연구방법을 말한다.

첫째, 해치앤블룸 팀은 급식 서비스 요원들과 함께 노인들에게 식사가 배달되는 과정을 주의 깊게 관찰했다. 아울러 노인들이 배달받은 음식을 테이블에 놓고, 상을 차리고, 필요한 양념을 추가하고, 음식을 먹는 과정들을 세심하게 지켜보았다.

둘째, 이들은 그동안 급식 서비스를 이용하다가 중단한 노인들과 머지않아 이를 이용하게 될 사람들을 인터뷰했다.

셋째, 해치앤블룸 팀원들은 조리 과정을 감독하는 감독관들을 조리실에서 인터뷰함으로써 HFS의 조리실 분위기를 직접 몸으로 체험했다.

감독관을 인터뷰하는 과정에서 조리실 분위기가 몹시 침체해 있다는 사실을 발견한 해치앤블룸 팀은 조리사들을 심층 인터뷰했으며, 이를 통해 문제해결의 결정적 단서를 잡을 수 있었다. 인터뷰 결과 조리사들은 스스로를 3류라고 인식하고 있었을 뿐만 아니라 최근 언론에 보도된 무료급식시설의 위생상태 등에 대한 비판 여론 때문에 자존감이 상할 대로 상해 있었던 것이다. 일반인들 또한 무료급식시설의 조리사들은 실력이 형편없고 식당과 주방이 매우 지저분하다고 인식하고 있었다.

HFS 조리사들이 갖고 있던 가장 큰 불만은 시당국이 비용을 절약한다면서 식자재를 대량으로 구매하는 탓에 수개월 동안 똑같은 메뉴를 반복적으로 만들 수밖에 없었고, 노인들에게 제공하는 메뉴를 선정할 수 있는 권한이 자신들에게 없다는 점이었다. 이러한 불만은 당연히 조리사들의 사기와 직무 몰입도를 떨어뜨렸고, 이는 다시 노인들의 만족도를 저하하는 악순환을 초래했다.

현상을 파악한 해치앤블룸 팀은 이 문제는 급식 메뉴의 다양화를 통해서는 절대로 풀 수 없다는 것을 깨달았다. 문제를 근원적으로 해결하려면 조리사들의 사기와 자존감을 회복시킬 필요가 있었고, 그 필요성을 시청 담당 공무원들이 충분히 공감해야 했다. 결국 공무원들을 설득하는 것도 해치앤블름 팀이 넘어야 할 산이었던 것이다.

한편 조리사들과의 인터뷰 과정에서 우연찮게 거둔 긍정적 측면도 있었다. 조리사들이 '누군가가 우리 이야기를 진정으로 들어주고 도와주려 노력하고 있구나'라고 느끼기 시작했다는 것이다. 조리실장인 비르깃 제스퍼슨 Birgit Jespersen 의 말을 직접 들어보자.

"사실 우리는 회의적이었어요. 그런데 해치앤블름 팀뿐만 아니라 시청 담당자들도 우리 이야기를 진지하게 들더군요. 모든 사람의 의견이 동등하게 받아들여지는 것을 보면서 점점 더 프로젝트를 신뢰하게 되었죠."

프로젝트를 수행하면서 해치앤블름 팀은 조리사들이 사실은 매우 숙련된 기술자였음을 알게 되었다. 그들이 지금까지 형편없는 음식을 만들었던 이유는 식자재 조달의 편리성에 대한 시 당국의 집착과 원가절감의 압력 때문이었을 뿐, 이들이 실력이 부족해서가 아니었던 것이다.

노인들 입장에서 보다

✖

해치앤블름 팀이 노인들과의 인터뷰에서 얻은 첫 번째 교훈은 무료급식을 받는 노인들은 단절과 치욕의 감정으로 고통받고 있다는 사실이었다. 덴마크 문화에서는 다른 사람으로부터 청소를 도움받는 것은 문제가 되지 않지만, 좀 더 개인적인 일에서 다른 사람의 도움을 받는 것은 부끄러운 일로 여겨졌다. 그런 도움을 누구로부터 받는가도 중요했다. 친구나 친지로부터 도움받는 것은 부끄러운 일이 아니었다. 누군가를 고용하는 것 또한 크게 문제가 되지 않았다. 하지만 정부로부터 무료로 제공받는 것은 그야말로 마지막 선택이라고 인식되어졌다.

이런 문화적 분위기에서 음식 선택의 자유를 잃는 것, 즉 무료로 식사를 제공받는 것은 덴마크 사람들에게는 자신의 대소변을 다른 사람이 받아내는 것 다음으로 치욕스러운 일이었다. 또한 혼자 식사하는 자체가 노인들에게는 큰 고통이라는 사실도 알게 되었다. 곁에 가족이 없음을 상기시키기 때문이다.

해치앤블름 팀이 인터뷰 과정에서 알아낸 긍정적인 측면은 노인들이 부엌일에 대해 강한 책임감을 갖고 있을 뿐만 아니라 요리도 할 수 있다는 사실이었다. 이들은 가을에는 사과, 여름에는 딸기처럼 제철 음식을 선호했다. 또한 직접 키운 감자나 채소, 각종 양념 등을 추가해서 자신의 기호에 맞는 음식으로 변화시켜 먹기를 좋아했다.

이해관계자 워크숍으로 돌파하다

✖

에스노그라피를 통해 현상 파악을 마친 해치앤블름 팀은 세 번에 걸쳐 워크숍을 실시했다.

✚ 첫 번째 워크숍 - 노인들이 먹는 음식을 먹어보다

첫 번째 워크숍에서는 시청 담당직원, 자원봉사자, 노인문제 전문가, 조리사를 포함한 HFS 직원, 요양시설 직원 등 25명이 참가하여 온종일 에스노그라피 조사 결과를 검토하고 시사점을 이끌어냈다. 해치앤블름 팀은 이들 모두에게 현재 노인들에게 제공되는 것과 똑같은 식사를 제공함으로써 ─ 정치인들은 이제까지 한 번도 이 식사를 직접 체험해본 적이 없었다. ─ 이슈에 대한 공감대를 형성하는 데 주력했다. 해결방안에 대한 논의는 다음 워크숍으로 미루었다.

✚ 두 번째 워크숍 - 메타포를 활용하다

두 번째 워크숍의 목표는 해결 아이디어의 탐색이었다. 해치앤블름 팀은 '레스토랑'이라는 메타포Metaphor를 사용함으로써 참가자들의 인식을 획기적으로 전환하는 계기를 마련했다. 프로젝트 리더였던 롯데Lotte에 의하면, HFS 직원들은 자신을 무료급식소가 아닌 레스토랑 직원으로 생각하는 것 자체만으로도 인식이 바뀌었다고 한다. 조리사 중 한 사람이 "그럼 우리가 셰프네! 그럼 웨이터는 누구지?"라고 말할 정도였다.

해치앤블름 팀은 그 지역에서 유명한 셰프 한 사람을 미리 HFS에 가보게 한 다음 이 워크숍에 초대했다. 그는 워크숍에서 HFS를 방문한 경험을 이야기하면서 "HFS 조리사들은 셰프들이 중요하게 생각하는 푸드 스타일링이나 시즈닝에 중점을 두기보다는 경제성 극대화를 최우선으로 두더군요. 그래서 다른 결과의 요리가 나왔을 것입니다."라고 말했다. 이 말을 들은 HFS 조리사들은 자존감이 회복되는 모습이었다. 이후 그들은 프로젝트에 훨씬 더 적극적으로 몰입했다.

레스토랑이라는 메타포를 중심으로 진행된 두 번째 워크숍에서 참가자들이 발견한 또 하나의 중요한 아이디어는 그동안 그들이 사용했던 메뉴판에 관한 것이었다. 그동안 사용된 메뉴판에는 각종 요리에 대한 최소한의 사실만이 나열되어 있었다. 예를 들어 "소 간, 감자, 소스"와 같이 간단하게 음식의 재료만 표기하는 방식이었다. 메뉴판이 이런 식인데 누군들 그 메뉴를 보고 군침이 돌겠는가? 메뉴판을 레스토랑 메뉴처럼 바꾸자는 의견이 개진되었고 모두가 찬성했다.

참가자들이 제기한 문제는 또 있었다. 음식을 배달하는 차량의 문제였다. 차량이 너무 낡아서 도저히 음식을 배달하는 차량이라고 볼 수 없을 정도였던 것이다. 실제로 어떤 노인은 "이 차가 집 앞에 세워져 있으면 동네 사람들이 내가 죽어서 장의차가 왔다고 착각할 수 있으니 우리 집에서 20~30m 떨어진 곳에 주차해주시오."라고 요청했을 정도였다.

✚ 세 번째 워크숍 - 아이디어를 구체화하여 테스트하다

세 번째 워크숍의 목표는 지금까지 개진된 아이디어들을 중심으로 프로토타입을 만드는 것이었다. 해치앤블룸 팀은 HFS 직원들뿐만 아니라 다양한 고객, 즉 현재 서비스 이용자와 이용 중단자, 그리고 미래의 서비스 이용자를 워크숍에 초대했다. 아이디어를 구체화해서 실제로 적용하기 전 단계인 프로토타입 테스트야말로 사용자 의견이 매우 중요했기 때문이다.

워크숍 참가자들은 먼저 메뉴판의 프로토타입을 3가지 형태로 제작했다. 시중에서 흔히 구할 수 있는 복사 용지보다 약간 고급진, 하지만 결코 비싸지 않은 종이에 음식 사진이나 일러스트를 넣어 만든 메뉴판이었다.

둘째, 음식 포장 방식을 변경했다. 지금까지는 고기와 소스, 감자, 라이스 또는 파스타, 야채를 하나의 식판에 담아 배달했는데, 이를 분리 포장하는 프로토타입으로 만든 것이다. 해치앤블름 팀이 노인 인터뷰에서 알아낸 본인이 기른 채소나 간단하게 요리한 파스타를 추가해서 식사할 수 있도록 배려한 것이다.

셋째, 두 번째 워크숍에서 HFS 조리사들을 매료시켰던 '레스토랑 셰프'의 메타포를 발전시켜서 이들의 유니폼을 새롭게 디자인했다. "과거 유니폼은 마치 잠옷 같았다."는 한 참가자의 이야기에 모두가 동감했기에 참가자들은 아이디어를 모아 진짜 레스토랑 셰프와 같은 유니폼을 프로토타입으로 그렸다. 도화지에 그린 새로운 유니폼을 보는 것만으로도 HFS 조리사들은 더 이상 공공부문 급식 조리사가 아닌 레스토랑 셰프가 된 것만 같은 자존감을 느낀다고 말했다.

세 번째 워크숍의 나머지 시간에는 두 번째 워크숍 때 참가했던 유명 셰프를 다시 초청해서 계절별 식자재를 활용한 요리, 음식에 모양을 내는 요령, 예를 들어 당근에 파슬리를 얹는 등 색깔을 조화시킴으로써 음식의 품격을 높이는 방법 등에 대한 강의를 듣고 질의응답과 토론하는 시간을 가졌다.

작은 변화가 모여 큰 행복을 이루다

✖

세 번의 워크숍을 성공적으로 마친 해치앤블름 팀은 여기서 얻은 아이디어와 개발된 프로토타입을 실제로 적용해보는 작업에 착수했다.

메뉴판을 산뜻한 색깔로 바꾸고 음식 사진을 포함시켰을 뿐만 아니라 각 요리를 일류 레스토랑에서처럼 자세하게 묘사했다. 예를 들어 과거에는 "간 프라이, 그래비, 감자, 야채"로 표기했던 메뉴를 "후라이 팬에 살짝 튀겨낸 송아지의 간, 붉은 양파 슬라이스, 그래비, 다임과 제철 감자"라고 표기한 것이다. 여기서 한 걸음 더 나아가 과거 주메뉴^{main dish}만을 제공하던 것에서 애피타이저와 디저트를 함께 제공하는 것으로 식단을 변경했다. 이와 더불어 "버섯과 파슬리를 곁들인 레몬 스파게티" 같은 특정한 계절에만 맛볼 수 있는 메뉴를 추가하고 "이 주일의 깜짝 특선 메뉴"도 개발했다.

또한 세 번째 워크숍에서 개발했던 프로토타입을 토대로 하여 유니폼을 바꾸고 모든 직원에게 지급했다.

직원들을 흥분의 도가니로 몰아넣은 사건은 HFS의 명칭을 '굿 키친^{Good Kitchen}'이라는 이름으로 변경한 일이다. 한 직원은 이 이름이 자신의 비전과 삶의 의미를 매우 정확히 표현했다며 울먹였다. 시장을 비롯한 시 당국 직원들도 굿 키친이야말로 자신들이 지향하는 가치와 정책 방향을 시민들에게 정확히 전달할 수 있는 이름이라며 환호했다.

변화를 위한 그들의 노력은 노인들과 시 당국 등 사용자와 이해관계자들을 감동시켰다. 이 과정을 경험한 굿 키친 직원들은 노인들과의 소통을 강화하고자 두 가지 아이디어를 추가적으로 실행에 옮겼다.

첫째, 노인들이 배달된 음식에 대한 의견을 적을 수 있도록 간단한 코멘트 카드 Comment Card**를 개발했다.** 그러자 음식을 전달한 후 바로 빠져나왔던 배달 기사들이 음식의 맛에 대한 의견뿐만 아니라 각자가 선호하는 요리 방법, 알고 있는 요리 비결 등을 코멘트 카드에 써줄 때까지 노인의 집에 ― 잠깐이지만 ― 머무르며 대화를 나누기 시작했다. 이 간단한 방법으로 수렴한 사용자(노인들)의 요구사항은 굿 키친 직원회의에서 공유되었다. 또한 게시판에 게시해서 직원들이 수시로 볼 수 있게 했다. 코멘트 카드를 노인들과 직원들이 모두 좋아했음은 물론이다.

둘째, 노인들과 함께 볼 수 있는 뉴스레터를 발간했다. 생일을 맞은 직원을 축하하고 싶을 때, 새 손녀를 얻은 노인의 소식을 전하고 싶을 때 등 개인적인 일상을 사진과 함께 싣는 방식이었다. 이 뉴스레터는 노인들에게는 내 음식을 만들어주는 사람이 누구인지 알게 해주고, 직원들에게는 내가 만든 음식을 드시는 분이 누구인지를 알게 해준다. 그 결과 굿 키친 직원들과 노인들은 가족공동체의 일원인 것 같은 느낌을 가질 수 있었다.

굿 키친 직원들과 해치앤블름 팀의 노력은 매우 큰 성과를 거두었다. 예를 들어 어떤 계절 음식의 주문은 제공하기 시작한 바로 첫 주에 과거 대비 500% 증가했다. 앞에서 예로 들었던 "송아지 간 프라이"는 평소에는 일주일에 10명 정도가 주문했지만, 요리명을 바꾸고 메뉴판에 사진을 첨부하자 80명으로 늘기도 했다. 굿 키친은 2009년 덴마크 디자인 대상 시상식에서 공공부문 대상을 수상했다.

독자에게 드리는 질문

1. 이 사례에 기술된 디자인 프로젝트의 고객은 누구인가? 이 프로젝트를 통해 각각의 고객들이 얻을 수 있었던 중요한 혜택 3가지는 무엇인가?

2. 이 사례로부터 배울 수 있는 점을 3가지만 든다면? 그 3가지를 고른 이유는 무엇인가?

3. 이 사례를 성공으로 이끌었던 요인들 중에서 귀하가 향후에 추진할 (또는 현재 추진하고 있는) 프로젝트에 적용해볼 만한 요소는 무엇인가?

4. 위의 3가지 질문 중 귀하가 프로젝트 팀원들과 함께 해답을 찾아보고 싶은 것은 무엇인가? 그 이유는?

CASE #6
박람회 부스를 새롭게 바꾸다
— IBM의 박람회 재설계 —

2010년 당시 IBM은 전 세계 수십 개 국가에서 8,000여 개의 박람회, 전시회 또는 컨퍼런스를 주최 또는 참가해야 하는 상황이었다. 이런 상황은 그해뿐만 아니라 해마다 계속될 예정이었으므로 IBM은 이 기회에 박람회 부스를 방문객들과 상호작용하는 방식으로 혁신하기로 결정했다.

박람회에 참가해본 독자들이라면 누구나 경험했을 전형적인 방식, 즉 화려한 부스를 설치하고, 멋진 도우미 또는 직원들이 기념품을 나눠주고, 자사 제품이나 서비스를 일방적으로 설명하고, 명함을 두고 가면 보다 자세한 정보를 보내주겠다고 약속하는 방식을 전면적으로 혁신하고자 한 것이다.

IBM은 디자인씽킹 방법론으로 박람회 참가자들이 학습하는 방식을 심층 연구하고 물리적 환경을 보다 편안한 분위기로 바꾸는 한편, 집에서 주인이 손님을 맞이하듯 방문자들을 따뜻하게 맞이하는 컨시어지^{concierge} 서비스를 도입하기로 했다. 또한 제품 설명 담당 직원들에게는 '주의 깊게 경청하는' 방법 등을 교육시켰다.

드디어 IBM은 2010년 네덜란드 암스테르담에서 열린 SIBOS 컨퍼런스 (금융서비스업계의 고위 임원들과 관련 기술 전문가들이 참가하는 컨퍼런스)에 이 콘셉트를 시험 적용해보았다. 결과는? 방문자들과의 상담 약속 횟수와 즉석 판매계약 체결에 따른 예상 매출액 등 정량적 측면에서 평가한 것만 해도 전년 대비 78% 개선이라는 놀라운 성과를 거두었다.

이후 IBM은 이 콘셉트를 매년 IBM이 참가하는 전 세계 수천여 개의 박람회에 확대 적용하기로 하고, 각국의 문화적 특성과 박람회의 성격 그리고 방문자들의 성향 등에 맞게 맞춤형customize으로 설계함으로써 성과를 이어가고 있다.

지금부터 이 사례에 관한 기존 문헌을 토대로, IBM 사가 박람회에 참가한 방문자의 경험을 개선하기 위해 디자인씽킹 방법론을 어떻게 적용해나갔는지 그 과정과 성과를 좀 더 살펴보도록 하겠다.[2]

독백에서 대화로 박람회 문화의 혁신

✖

IBM의 전사 마케팅 담당 부사장으로서 이 프로젝트를 수행했던 존 케네디 John Kennedy는 최근의 박람회 참가자들은 트렌트를 파악하거나 신제품과 관련한 최신 정보를 수집하기 위해 참가하던 20여 년 전과 달리 보다 심도 있는 경험을 원한다고 생각했다. 그는 기본적으로 박람회에서의 IBM 부스가 '독백에서 대화로' 전환되어야 한다는 신념을 갖고 있었다.

존 케네디는 세계적인 명성의 마케팅 전문 회사 GPJ^{George P. Johnson} 사의 벤 로스^{Ben Roth}와 함께 박람회 참가자들의 참가 경험을 혁신하고 이를 통해 IBM 사가 박람회에서 크게 성과를 거둘 수 있는 프로젝트에 시동을 걸었다. 이 프로젝트는 3단계로 구성된 디자인씽킹 방법론을 적용했다.

1단계 : 현상을 분석하고 기준을 세우다

✖

> 프로젝트 팀은 이벤트에 참가하는 사람들의 본질적인 욕구와 행동 방식을 심층적으로 학습했다.

프로젝트 팀은 수개월 동안 총 20개의 전문 분야에서 활약하는 100여 명의 전문가를 인터뷰했다. 몬테소리 재단 이사장, IBM 창업주의 손자, 극장 디자인 전문가, 군인들을 위한 훈련 프로그램을 개발하는 전문가 등. 그 과정에서 이벤트에 참가하는 사람들의 행동 방식과 학습 방법, 그리고 사람들을 참여시키고 몰입하게 하는 방법 등에 대해 집중적으로 연구할 수 있었다.

인터뷰 과정에서 프로젝트 팀은 모든 이벤트의 성패는 이벤트 주관자가 사람들을 참여시키는 능력, 이들의 '통찰'을 이끌어내는 능력, 문제를 해결하는 능력, 그리고 참가자들과 협업하는 능력을 얼마나 잘 발휘하느냐에 달려 있다는 교훈을 얻었다. 예를 들어 몬테소리 재단 이사장과의 인터뷰에서는 학습의 조건 중 하나가 '편안한 환경'이라는 점, 즉 사면이 딱딱한 벽으로 둘러싸여 있고 결코 상쾌하다고 할 수 없는 실내 공기와 온도, 형광 불빛이 작열하는 컨퍼런스 룸에서는 사람들의 진정한 학습이 촉진되지 않는다는 점을 배웠다.

100여 명의 인터뷰 결과로부터 프로젝트 팀은 박람회장의 환경과 사용자 경험을 재설계하는 데 다음의 5가지의 중심 테마가 기준이 됨을 깨달았다.

참여engage, **정보 제공**inform, **토론**discuss, **설득**persuade, **고무 · 자극**inspire

프로젝트 팀은 이 5가지 중심 테마를 향후 IBM 사가 참가하는 모든 박람회에 반영키로 했다. 세계 각국에서 열리는 박람회를 설계할 때 충족시켜야할 디자인 기준으로 변환시킨 것이다. 예를 들어 박람회 공간을 설계할 때는 다음과 같은 디자인 기준을 정립했다.

— 참가자들의 참여와 몰입을 촉진하도록 해야 한다.
— 비공식적인 대화로 이어질 수 있도록 해야 한다.
— 상호 신뢰를 북돋아주고 대화, 협업, 방문객과의 공동 창조가 촉진될 수 있도록 해야 한다.
— 시각과 청각, 운동 감각적 측면에서 사람들이 학습하는 다양한 방법들이 포함되고 결합될 수 있도록 해야 한다.

— 편안한 공간을 연출해야 한다.

2단계 : 원점에서부터 다시 생각하다

✖

프로젝트 팀은 1단계에서 얻은 통찰들을 바탕으로 구체적인 해결방안을 개발했다.

먼저 박람회장의 공간 설계 측면에서 보자면, 방문자들이 다양한 상황과 학습 스타일을 소화할 수 있도록 방문자와 안내직원이 1:1로 앉거나 서 있을 수 있는 공간을 만들었다. 와인바 또는 열차 안의 휴게 공간을 연상시키는 공간을 연출함으로써 비공식적인 대화를 촉진케 한 것이다.

또한 유연하고 상호 연결된 환경이 되도록 스탠딩 테이블에서 이야기를 나누다가 공식적인 대화와 토론이 필요할 경우 바로 자리를 옮길 수 있도록 가까운 거리에 화이트보드와 빔 프로젝터를 갖춘 크고 작은 회의실들을 배치했다. 이와 더불어 사무실에 비치되어 있는 것과 비슷한 정수기를 설치하고, 서너 명이 모여 앉을 수 있는 작은 탁자를 배치하는 등 방문자와 안내직원 간의 친밀도에 따라서, 방문자 수에 따라서, 또는 방문자 질문의 종류에 따라서 그에 걸맞는 대화 장소를 선택할 수 있도록 하였다.

이 모든 공간 설계의 기본 구상은 1단계에서 정립한 '방문자들이 자연스럽게 몰입할 수 있는 편안한 공간을 제공한다'는 디자인 기준에 입각해서 이루어졌다. 이 기준에 따라 스탠딩 테이블이 있는 자리에는 다른 장소에 비해 두 배 이상 두꺼운 카펫을 깔아줌으로써 오랜 시간 서서 대화를 하더라도 피로감을 덜 느끼도록 배려했다.

프로젝트 팀은 이러한 공간 배치가 진정으로 효과를 발휘하려면 '방문자와 안내직원의 관계'가 '손님과 주인의 관계'로 전환되어야 한다는 점을 잊지 않았다. 팀의 일원이었던 벤Ben의 이야기를 들어보자.

"집에 손님을 초대할 때를 떠올려보세요. 손님이 편안하게 머물다 갈 수 있도록 우리는 몇 가지 예절을 지킵니다. 가령 손님을 이쪽 방에 앉혀두고 다른 방에서 큰 소리로 '이쪽으로 오세요.' 하고 부르지 않죠. 손님들은 주인과 정말 친하지 않으면 자기 마음대로 집안으로 들어오거나 자기 스스로 음료수를 따라 마시지 않거든요. 그래서 우리는 방문자들을 컨시어지가 있는 공간으로 안내하기로 했습니다."

이 접근법에 따라 IBM의 안내직원들은 컨시어지처럼 개별 방문자의 요구를 정확하게 이해한 다음 — 좋은 집주인들이 그렇듯이 — 직접 그 방문자를 안내하거나 그 요구에 보다 적합한 다른 직원에게 인도하는 방식으로 방문자 응대 절차를 변화시켰다.

지금까지 설명한 공간 배치와 응대 절차의 변화를 통해 프로젝트 팀은 좀 더 고객 중심적이고 쌍방향 커뮤니케이션이 가능한 박람회가 될 것이라 기대했다. 그렇게 되면 박람회 참가자들에게 보다 나은 학습 경험을 제공할 수 있을 것이다.

3단계 : 파일럿 테스트를 학습의 기회로 삼다

✖

2단계에서 개발한 그들의 해결방안을 시험 적용해보며 학습의 기회로 삼았다.

이번 단계에서는 프로젝트 팀이 파일럿 테스트를 진행할 때 견지했던 기본적인 태도를 정확하게 이해하는 것이 중요하다. 프로젝트 팀은 그들 스스로가 지금까지 잘못 생각하고 있을지도 모르는 부분을 가능한 한 많이 찾아내서 본 게임에 들어가기 전에 바로 잡는 기회를 갖는 것, 즉 파일럿 테스트를 학습의 기회로 생각했다.

IBM 금융서비스 사업 부문의 마케팅 담당임원인 짐 브릴Jim Brill은 자신이 총 책임자였던 SIBOS 컨퍼런스에 프로젝트 팀이 개발한 새로운 방식을 시험 적용해보겠다고 자원했다. SIBOS 컨퍼런스는 금융서비스 업계의 고위 임원들과 사내외 기술담당 파트너들이 약 7,000명 정도 참가하는 — 10만 명 이상이 참가하는 CESConsumer Electronics Show에 비하면 — 소규모(!) 컨퍼런스이지만 IBM이 매년 참가하고 있는 금융서비스 산업의 중요한 행사 중 하나였다. IBM은 2010년 암스테르담에서 열렸던 SIBOS 컨퍼런스에 그들이 재설계한 박람회 콘셉트를 시범 적용해보았다.

파일럿 테스트에 적용된 콘셉트는 3가지 중심 축, 즉 공간 배치와 컨시어지 서비스, 안내직원 교육으로 나눠볼 수 있다.

첫째, 2단계에서 설명한 공간 배치의 아이디어들을 대부분 적용했다. 방문객들이 작은 칵테일 파티에 초대된 것처럼 느끼도록 카운터 높이의 스탠딩 테이블을 곳곳에 배치했다. 또한 방문객들이 테이블 위에 노트북과 음료수를 놓고 자연스럽게 이야기를 나눌 수 있도록 편안한 분위기를 조성했다. 안내직원들은 메인 컴퓨터에 탑재된 내용과 동일한 자료가 담긴 테블릿 PC를 가지고 스탠딩 테이블에서 방문객과 이야기를 나누다가 공식적인 대화, 예를 들어 계약 체결과 관련된 본격적인 상담으로 발전시켜야 할 경우 자연스럽게 옆에 마련된 테이블로 자리를 옮길 수 있었다.

둘째, 2단계에서 설명했던 컨시어지 서비스를 도입했다. 그러자 방문객들은 편안하게 손님 대접을 받는다는 느낌으로 IBM 부스를 찾게 되었다.

셋째, 안내직원들은 사전 교육을 받았다. 안내직원들은 적극적 경청기법, 스토리텔링 기법, 그리고 본인 위주가 아닌 고객의 니즈를 기반으로 IBM의 서비스와 제품을 설명하는 체계적인 교육을 받고 나서 박람회에 투입되었다.

SIBOS 컨퍼런스에서 IBM이 적용한 디자인 콘셉트의 가장 큰 특징은 이 3가지 요소의 '통합'이었다고 할 수 있다. 즉 IBM 부스를 방문한 참가자들의 '방문 경험'을 보다 완벽한 '참여의 경험'으로 만들기 위해 물리적 공간, 기술, 안내직원들의 교육이라는 3가지 측면을 정교하게 통합함으로써 소기의 목적을 달성한 것이다.

IBM의 새로운 시도는 큰 성공으로 이어졌다. 먼저 정량적인 측면에서 방문자들과의 상담 약속 횟수와 즉석 판매계약 체결에 따른 예상 매출액 등이 전년 대비 78% 증가하였다.

정량적인 성과와 더불어 IBM 사 경영진들이 이 새로운 박람회 콘셉트를 전사 차원으로 확대하기로 결정한 이유는 J.P. 모건, 체이스, 시티 그룹

등 영향력 있는 금융기관의 고위 임원들이 IBM 부스에서 몇 시간 동안이나 안내직원과 이야기를 나누었던 것 등 정성적 측면의 성과가 크게 기여했다. 컨퍼런스 기간 내내 이런 광경이 펼쳐졌고 이는 새로운 B2B 관계로 이어질 수 있었기 때문이다.

벤은 SIBOS 컨퍼런스의 성공은 부스 설치나 기술 자체의 성공이 아니라 학습, 참여, 관계 구축, 협업의 독특한 방식이 만들어낸 것이라고 평가했다.

"사람들이 박람회장에서 어떻게 움직이고, 어떻게 상호작용하며, 어떻게 참여하길 원하는가. 이에 대한 깊이 있는 통찰을 바탕으로 고객 경험을 설계하면 참여를 가로 막는 장애물을 없앨 수 있어요. 그렇게 되면 자연스럽게 관계가 형성되고 그들과의 비즈니스가 훨씬 더 잘 이루어져요."

SIBOS 컨퍼런스의 성과에 힘입어 IBM은 중대한 결정을 내렸다. 또 다른 파일럿 테스트를 하느라 시간을 낭비할 것이 아니라 곧바로 이 콘셉트를 전사 차원으로 확대 적용하기로 한 것이다. 이후 이 콘셉트는 각국의 문화적 특성과 박람회의 성격, 방문자들의 성향 등을 고려해 물리적 환경과 방문자 응대 방식을 커스터마이즈함으로써 성과를 이어나가고 있다.

독자에게 드리는 질문

1. 이 사례에 기술된 디자인 프로젝트의 고객은 누구인가? 이 프로젝트를 통해 각각의 고객들이 얻을 수 있었던 중요한 혜택 3가지는 무엇인가?

2. 이 사례의 내용 중 귀하가 앞으로 추진할 프로젝트에 적용해보고 싶은 내용(예를 들어 기법, 도구, 프로세스 등)은 무엇인가?

3. 귀하가 만약 이 프로젝트의 팀장이었다면 프로젝트 성과를 보다 극대화하기 위해 어떤 단계에서 무엇을 더 해볼 수 있었겠는가?

4. 위 3가지 질문 중 귀하가 프로젝트 팀원들과 함께 해답을 찾아보고 싶은 질문은 무엇인가? 그 이유는?

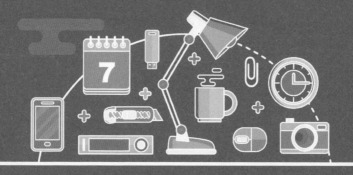

디자인 프로젝트 준비 단계

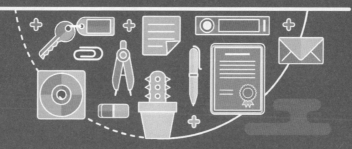

(2부)

디자인 프로젝트
시동 걸기

"디자인 프로젝트를 준비하는 단계에서는 팀을 구성하고, 프로젝트를 통해 얻고자 하는 목표를 명확히 해야 한다. 2부는 디자인 프로젝트가 어떻게 진행되는지의 과정과 실제 사용하는 도구를 알아가는 첫 번째 단원으로, 이 두 가지 사항을 보다 자세하게 살펴볼 것이다. 여러분의 프로젝트가 어떤 성격의 것이든 쉽게 적용해볼 수 있도록 대형 할인

마트에서 새로운 프로젝트를 추진하는 것을 가정하여 처음부터 차근차근 설명할 예정이다. 여러분은 이를 통해 자신에게 주어진 과제를 충분히 추진해나갈 혜안을 얻을 수 있을 것이다.

당신은 대형 할인마트인 A마트의 고객만족 팀에 근무하는 과장이고, 최근 사장의 특별지시에 의해 만들어진 '고객만족혁신 테스크포스 팀(이하 혁신 TFT)'에 차출되었다.

당신이 들은 바에 의하면, 3주 전 A마트 사장은 고객으로 가장하여 5개의 점포를 직접 순회방문(암행 시찰)했다고 한다. 현장경영의 일환인 셈인데, 이후 사장은 경쟁사인 B마트에 비해 고객만족도가 형편없이 낮다며 매우 강도 높은 혁신을 주문했고, 이에 회사는 열심히 일하기로 정평이 난 과장급과 대리급 직원 30명을 차출하여 혁신 TFT를 만들었다고 한다.

혁신 TFT에게는 향후 3개월 이내에 A마트의 고객만족도를 업계 1위로 올려놓을 구체적인 방안을 제안해야 한다는 목표가 부여되었다. 혁신 TFT 수장을 맡은 공정한 전무는 출범식에서 30명을 다시 6인으로 구성된 5개 하위 팀으로 나누었다. 그러고는 각 팀별로 '고객만족'이라는 매우 포괄적인 주제의 서로 다른 측면을 공략하되, 궁극적으로는 5개 팀의 아이디어가 한데 모여 전국에 흩어져 있는 30개 점포의 고객만족도 수준을 획기적으로 향상시킬 수 있어야 한다고 역설했다.

제1팀 팀장으로 뽑힌 당신과 다른 4개 팀의 팀장은 세 번의 사전 미팅을 가지며 열띤 토론을 벌였다. 그 결과 각 팀이 수행해야 할 디자인 프로젝트 과제가 다음과 같이 정해졌다.

— 매장 배치와 고객 동선 재설계
— 푸드 코트에서의 고객만족도 향상
— 매장 직원(직영 및 제조업체 파견 판매 직원)의 친절도 향상
— 상품 위치 안내 관련 고객만족도 향상
— 계산대에서의 고객만족도 향상

팀장 그룹은 제비뽑기를 통해 각 팀이 수행할 과제를 결정했고, 당신의 팀은 '계산대에서의 고객만족도 향상'을 과제로 맡게 되었다.

STEP #1
팀워크를 정비하라
― 팀 이름과 그라운드 룰 정하기 ―

프로젝트를 수행하기에 앞서 당신과 팀원이 우선적으로 해야 할 일은 '팀 이름 결정', '팀원들이 지킬 규칙 결정', '팀원 간의 역할 분담' 등일 것이다. 팀 이름을 정하는 이유는 ― 따로 설명할 필요가 없을 정도로 자명한 일이지만 ― 팀의 결속력을 강화하고 팀원들의 소속감을 높이기 위함이다. 팀의 이름을 정할 때는 한두 사람의 의견에 따르기보다는 팀원 모두의 의견을 수렴하고 모두가 의미 있게 생각하는 이름을 정하는 것이 바람직하다.

당신의 팀 또한 팀원 6명 각자가 포스트잇에 한 가지씩 이름을 적어서 벽에 붙인 다음, 각자 1분 이내로 그렇게 생각한 이유를 설명하고, 민주적인 방법, 예를 들면 멀티 보팅Multi-voting과 같은 방법으로 이름을 선택하면 될 것이다. 그렇게 만들어진 당신의 팀 이름을 지금부터 '무한도전 팀'이라 부르기로 하자.

✚ 멀티 보팅 (Multi voting) ✚

말 그대로 여러 아이디어에 대하여 투표를 진행한다는 뜻이다. 중요한 것은 1인 1표제가 아닌 1인 N표제(1표 이상)로 진행한다는 점이다. 1인당 1표만을 행사하게 될 경우 사람들은 공동의 목표에 도움이 되는 아이디어보다 개인에게 이익을 줄 수 있는 아이디어에 투표하기 때문이다. 이때 몇 표를 행사할 수 있게 하느냐도 따로 정할 수 있다. 만약 아이디어가 1~2표 차이로 결정된다면 결정된 아이디어가 다른 아이디어보다 월등히 좋은 아이디어라고 할 수 없기 때문이다. 같은 맥락에서 멀티 보팅을 할 때는 한 번의 투표로 최종 아이디어를 선발할 것이 아니라 발제된 많은 아이디어를 몇 번의 투표에 걸쳐 차츰 줄여가는 방식이 바람직하다.

다음으로 당신과 팀원들이 프로젝트 기간 동안 지켜야 할 규칙을 정하는 것이 바람직하다. 예를 들면 '팀 미팅에 지각하면 1분당 1,000원 벌금', '팀 미팅 때 해오기로 한 과제를 하지 않으면 5,000원 벌금', '아이디어를 도출할 때 다른 사람이 낸 아이디어에 대해 부정적인 발언을 하거나 싫은 표정을 지으면 미팅 후 뒷정리하기' 등의 규칙을 말한다.

팀에 이런 '기본 규칙Ground rule'이 있으면 없을 때에 비해 작업 효율이 높아지고, 결속력이 강화되며, 팀원 간의 불필요한 갈등이 줄어든다.

기본 규칙을 정할 때 유의할 점은 4가지로 정리할 수 있다.

— 가능한 한 구체적일 것
— 규칙을 어겼을 때 어긴 사람이 부담해야 할 벌칙을 명확히 할 것
— 모든 팀원의 의견을 수렴하고 민주적 절차에 의해 정할 것
— 4~6개 정도를 정해서 모두가 명확히 기억할 것

일단 기본 규칙이 정해지면 엄격하게 준수하는 것이 무엇보다 중요하다. 예를 들어 지각 벌금이 1분당 1,000원이라면 한 사람의 예외 없이 처음부터 엄정하게 벌금을 징수해야만 다음 사람도 지키려 할 것이다. 일정기간이 경과한 후 규칙을 개정하고 싶다면 이때 역시 팀원들의 의견을 수렴해서 개정하면 된다.

기본 규칙을 정할 때 모든 팀원의 의견을 빠르게 수렴하는 방법으로 '명목집단법[NGT]'을 추천한다.

명목집단법이란 토론 시작 전 다른 사람과 이야기하지 않은 상태에서 주어진 토의 주제에 대한 자신의 생각을 노트, 카드, 또는 포스트잇 등에 정리할 수 있도록 일정한 시간을 부여하는 방법을 말한다. 이 방법을 명목집단법이라 부르는 이유는 다른 사람과 이야기하지 않고 각자 작업하는 것이 명목상으로는 집단이지만 실제로는 개인적으로 작업하고 있는 것이기 때문이다(자세한 내용은 '5부. 잠들어 있는 아이디어 깨우기'를 참고한다. p.220).

팀이 진정한 팀 시너지를 내려면 무엇보다도 무임승차자가 없어야 한다. 무임승차자를 없애는 효과적인 방법 중 하나는 앞에서 설명한 기본 규칙에 '무임승차방지'에 관한 조항을 포함시키는 것이다. 또 다른 방법으로는 팀 운영을 위한 기본적인 역할들을 팀원 각자에게 골고루 분담하는 것이다.

예를 들어 무한도전 팀 6명을 각각 복지부 장관, 기획재정부 장관, 문화체육부 장관, 교육부 장관, 법무부 장관, 노동부 장관 등으로 임명할 수 있을 것이다. 그들이 팀 내에서 수행해야 할 세부적인 역할은 당신과 팀원들의 상상에 맡기겠다.

각 부서의 장관을 누가 맡을지를 정할 때는 — 당연히 — 가위 바위 보를 해서 먼저 이긴 팀원이 맡고 싶은 부서를 선택하면 된다. 그러면 2분 안에 역할 분담을 끝낼 수 있다. 부처가 정해지면 장관으로서의 취임사를 정리할 시간(약 1분 정도)을 주고, 각자 돌아가면서 자신의 포부를 밝히면 좋을 것이다.

각 부처의 장관 역할을 얼마나 잘 수행했는지는 프로젝트 미팅이 끝날 때마다 팀원 각자가 스스로를 성찰할 수 있도록 일정 시간(약 5분 정도)을 갖는 것을 추천한다. 우리의 경험에 의할 때 성찰을 거듭할수록 팀의 분위기가 눈에 띄게 좋아졌다. 프로젝트 기간이 무한도전 팀처럼 3~4개월 정도라면 — 역시 우리의 경험에 의할 때 — 중간에 한 번 또는 두 번 정도 서로의 역할을 바꾸는 개각을 단행하는 것도 바람직하다.

만약 당신의 팀이 4명으로 구성되어 있다면, 부처 두 개를 통폐합하거나 한 명의 장관이 두 개 부처를 관할하는 겸직으로 운영의 묘를 살려볼 수도 있을 것이다.

북극성을 설정하라

— 프로젝트 목표 세우기 —

팀 이름이 결정되고, 팀원들이 지킬 규칙이 정해졌으며, 팀원들의 역할이 명확해졌다면 이제 본격적으로 프로젝트를 착수할 준비가 된 것이다. 대개의 경우 디자인 프로젝트 팀에게는 '디자인 개요'가 주어진다. 그리고 무한도전 팀에게 주어진 디자인 개요는 아마도 다음 페이지에서 보는 것과 비슷한 내용이 담겨 있을 것이다. 이 디자인 개요는 혁신 TFT 추진팀이 작성해서 각 팀에게 제공한 것이다.

그렇다면 이런 형태를 지닌 — 매우 엉성한 — 디자인 개요는 누가 작성한 것일까?

경우에 따라 다르겠지만 일반적으로는 해당 프로젝트를 운영하는 주체, 예를 들어 경영혁신 팀, 마케팅 팀, 연구기획 팀, 생산기획 팀 등의 실무 부서가 초안을 작성하고 프로젝트 스폰서(고위 간부)의 동의를 얻어 각 프로젝

☆ 무한도전 팀의 최초 디자인 개요 ☆

프로젝트 개요	계산대 부근에서의 고객만족도를 향상시킨다.
의도(범위)	- A마트 전국 30개 매장 - 계산대 부근에서의 고객만족도 향상을 위한 구체적인 실행계획 - 대기 라인 재설계 - 대기 시간 단축 방안
제약 요인	- 프로젝트 팀의 활동 기간은 3개월에 한함 - 프로젝트 팀원들은 본연의 업무를 수행하면서 이 디자인 프로젝트를 추가로 추진해야 함 - 프로젝트 팀에 부여되는 조사 연구비는 200만 원임
목표 고객	- A마트 전국 30개 매장의 이용고객
탐구 과제	- 계산대와 관련한 고객의 불만사항은 무엇인가? - 경쟁사(B마트)는 어떻게 하고 있는가?
장기적 관점의 기대 효과	- 프로젝트 종료 후 1년 시점까지 해결방안의 전사적 실행을 통해 A마트의 고객만족도를 현재의 150%까지 향상시킨다. - 이를 통해 A마트의 브랜드 이미지와 시장점유율을 제고한다.
성공(평가) 지표	- 현실적으로 실행 가능한, 즉 매장의 현실과 현장 직원들의 상황에 적합하면서도 많은 비용을 발생시키지 않는 해결방안을 개발했는가? - 팀이 개발한 해결방안의 실행을 통해 대기시간을 현재의 2/3 수준으로 낮출 수 있는가? - 팀이 개발한 해결방안의 실행을 통해 고객만족도를 현재의 150% 수준으로 높일 수 있는가?

트 팀에게 전달하는 방식이 될 것이다.

만약 아무도 당신의 팀에게 디자인 개요를 주지 않는다면 당신과 당신의 팀원들이 스스로 디자인 개요를 작성하는 것이 필요하다. 왜냐하면 디자인 개요는 디자인 프로젝트라는 기나긴 항해를 하다가 길을 잃을 때마다 방향을 가르쳐주는 북극성과 같은 존재이기 때문이다. 뿐만 아니라 디자인 개요는 스폰서를 비롯한 이해관계자들, 혹은 팀원들 사이에 이견이 생겼을 때 이를 중재하는 계약서 역할을 한다.

그러므로 디자인 프로젝트를 시작하는 단계에서 가능한 한 명확하게 디자인 개요를 작성하고 그 내용에 대해 스폰서와 합의하는 일은 당신의 팀이 해야 할 매우 중요한 과제인 셈이다.

이때 당신과 당신의 팀이 유의할 점은 왼쪽 페이지와 같은 최초의 디자인 개요는 대개의 경우 품질이 매우 낮은, 그야말로 추상적이고 포괄적인 내용을 담고 있기 때문에 이를 그대로 받아들여 바로 프로젝트에 착수하면 안 된다는 것이다.

스폰서가 기대하는 바를 명확하게 파악하라

✖

디자인 개요를 작성하고 스폰서와 합의하는 과정에서 유의할 사항은 두 가지로 정리할 수 있다.

첫 번째는 디자인 과제에 관한 스폰서의 니즈와 회사가 당신의 팀에게 기대하는 바를 가능한 한 명확하게 파악하는 것이다. 혁신 TFT 수장인 공정한 전무는 수도권 영업본부를 총괄하고 있기 때문에 매일 수많은 의사결정 사안을 처리하고 엄청나게 바쁜 일정을 소화해야 한다. 이러한 현실을 감안할 때 스폰서들이 — 일반적으로 — 당신의 팀에 부여된 디자인 개요를 정확하게 기억하고 있으리라 기대하는 것은 그야말로 순진하고 위험천만한 가정에 불과하다.

그러므로 당신의 팀이 3개월 후에 공정한 전무로부터 칭찬을 들으려면, 적어도 프로젝트의 '의도(범위)'와 '성공(평가)지표' 등에 대해서는 스폰서와 완전히 합의해야 할 것이다.

스폰서와 합의할 때 유의해야 할 두 번째 사항은 디자인 개요는 프로젝트 진행과정에서 수 차례 바뀔 수 있다는 점을 분명히 해야 한다는 것이다. 우리의 경험에 의할 때 프로젝트 전체 기간의 1/3지점, 심할 경우는 반이 더 지난 시점에서도 디자인 개요가 변경되어야만 할 상황이 생겼고, 그때라도 과감하게 변경하는 것이 바람직한 경우가 비일비재했다. 따라서 스폰서와 최초로 합의하는 시점에서 디자인 개요의 변경사항을 논의할 일정을 미리 잡아두는 것이 좋을 것이다.

만약 스폰서 또는 프로젝트 추진 부서가 디자인 개요를 제공하지 않았다면, 그들과의 인터뷰를 통해 당신과 당신의 팀원들이 디자인 개요 초안을 작성한 다음 그들에게 설명을 하고 합의를 구하면 될 것이다. 그런데 디자인 개요라는 것을 난생 처음 써본다며 팀원들이 난감해한다면 팀장인 당신은 그들에게 어떤 지침을 주어야 할까?

이 시대가 요구하는 민주적이고 참여 촉진적인 리더로서 팀원들을 안내하는 가장 좋은 방법은 — 솔선수범해서 당신이 디자인 개요를 직접 작성

☆ 디자인 개요 작성 시 좋은 질문 ☆

프로젝트 개요	1. 해결해야 할 문제 또는 추구해야 할(할 수 있는) 기회는 무엇인가? 2. 이 프로젝트의 개요를 엘리베이터에서 10초 이내로 짧게 누군가에게 설명해야 한다면 뭐라고 말하면 좋을까?
의도(범위)	3. 이 프로젝트의 범위 내에는 어떤 행동(결과물)들이 포함되어야 하는가? 4. 이 프로젝트 범위 바깥의 행동(결과물)들은 어떤 것인가? 5. 이 프로젝트와 밀접한 관련이 있는 기존의 (사내에서 이미 추진되고 있는) 프로젝트(제도, 시스템)에는 어떤 것들이 있는가?
제약 요인	6. 프로젝트를 추진할 때 고려해야 할 제약 요인에는 어떤 것들이 있는가? 7. 해결방안이 성공하기 위해서 충족시켜야 할 요구조건은 무엇인가?
목표 고객	8. 구체적으로 누구를 위해 이 디자인 프로젝트를 수행하는 것인가? 9. 누구를 이해해야 하는가? 그들이 중요한 이유는 무엇인가?
탐구 과제	10. 연구조사를 통해 답을 구해야 할 핵심 질문은 무엇인가? 11. 프로젝트를 성공시키기 위해 반드시 이해해야 하는 이해관계자의 니즈, 새로이 부상하고 있는 신기술, 또는 새로운 비즈니스 모델 등 이해관계자들이 생각하고 행동하는 방식 중에서 반드시 학습해야 할 내용은 무엇인가?
장기적 관점의 기대 효과	12. 장기적 관점에서 당신의 팀은 어떤 궁극적 결과(상태)를 기대하는가?
성공(평가) 지표	13. 어떤 지표와 방법으로 성공을 측정할 것인가?

하는 것이 아니라 — 그들에게 좋은 질문을 던지고, 앞에서 설명한 명목집단법과 포스트잇을 사용하여 팀원들을 자유로운 토론으로 유도하고, 그 결과를 토대로 디자인 개요를 만들어가는 것이다. 그렇다면 디자인 개요의 각 항목을 작성할 때 리더인 당신은 팀원들에게 과연 어떤 질문을 던져야 할까? 완벽한 정답은 아닐지라도 앞 페이지에 있는 〈디자인 개요 작성 시 좋은 질문〉을 참고하면 좋을 것이다.

프로젝트 범위를 축소하라

✖

스폰서 혹은 프로젝트 추진 부서가 당신의 팀에게 부여했거나 앞서 설명한 〈디자인 개요 작성 시 좋은 질문〉의 도움을 받아가며 디자인 개요를 작성했다면 망원경과 현미경으로 다시 한 번 검토하는 것이 바람직하다. 다시 말해 프로젝트의 범위를 좀 더 넓히는 것이 좋을지 좁히는 것이 좋을지를 프로젝트 초기 단계에서 면밀히 살펴보라는 것이다.

범위를 넓히는 것이 바람직한 이유는 나무만 보고 숲을 보지 못할 경우 문제의 근본원인을 간과하거나 고객과 경쟁사, 기술발달의 흐름을 제대로 읽지 못해 애써서 도출한 결과물이 무용지물이 될 수 있기 때문이다. 반대로 범위를 좁혀야 하는 이유는 당신의 팀이 도출한 결과물이 탁상공론으로 끝나지 않고 무엇인가 구체적 실행으로 이어지게 하기 위함이다.

그렇다면 디자인 프로젝트의 바람직한 범위를 정할 때 쓰는 망원경과 현

☆ 프로젝트 범위 조정을 위한 망원경과 현미경 ☆

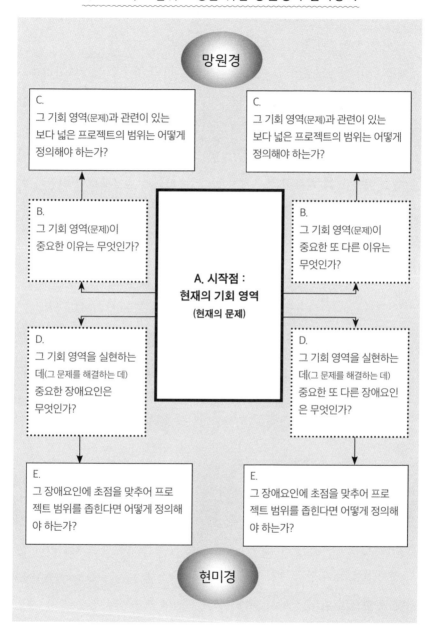

망원경

C.
그 기회 영역(문제)과 관련이 있는 보다 넓은 프로젝트의 범위는 어떻게 정의해야 하는가?

C.
그 기회 영역(문제)과 관련이 있는 보다 넓은 프로젝트의 범위는 어떻게 정의해야 하는가?

B.
그 기회 영역(문제)이 중요한 이유는 무엇인가?

B.
그 기회 영역(문제)이 중요한 또 다른 이유는 무엇인가?

A. 시작점 :
현재의 기회 영역
(현재의 문제)

D.
그 기회 영역을 실현하는 데(그 문제를 해결하는 데) 중요한 장애요인은 무엇인가?

D.
그 기회 영역을 실현하는 데(그 문제를 해결하는 데) 중요한 또 다른 장애요인은 무엇인가?

E.
그 장애요인에 초점을 맞추어 프로젝트 범위를 좁힌다면 어떻게 정의해야 하는가?

E.
그 장애요인에 초점을 맞추어 프로젝트 범위를 좁힌다면 어떻게 정의해야 하는가?

현미경

미경은 어떻게 생긴 것일까? 디자인씽킹계의 대표 주자 중 한 그룹이라 할 수 있는 진 리드카와 팀 오길비가 제시하는 도구는 〈프로젝트 범위를 조정하기 위한 망원경과 현미경〉[3]과 같은 모습을 띠고 있다.

예를 들어 당신의 팀이 의류소매 업체의 온라인 주문을 활성화시키려는 디자인 프로젝트를 수행한다면 시작점(A)에 해당하는 프로젝트 범위는 '직장인들이 출근할 때 입는 옷에 대한 온라인 주문을 활성화한다'일 것이다.

이를 망원경으로 들여다보면 '직장인들이 다른 사람들에게 멋지게 보이게 하고 이를 통해 기분이 좋아지게 한다'는 식으로 프로젝트의 범위가 확장될 것이다. 반대로 현미경으로 들여다보면 '사람들이 온라인으로 주문한 옷이 몸에 잘 맞도록 하려면 어떻게 하면 좋을까' 하는 식으로 프로젝트의 범위를 축소할 수도 있을 것이다.[4]

스폰서의 기대 수준을 낮추어라

✖

디자인 프로젝트를 포함한 수많은 프로젝트를 직접 수행했거나 도와왔던 우리의 경험으로 볼 때 프로젝트의 범위를 확대해도 되는 경우는 매우 강력한 스폰서십을 확보했거나 소속 회사(조직)의 형편이 아주 좋아서 인력, 시간, 비용 등 프로젝트에 소요되는 각종 자원이 충분(!)할 때에 한정된다. 한국 회사(조직)의 현실은 프로젝트의 범위를 축소해야 하는 경우가 훨씬 더 많다. 무한도전 팀의 경우도 30개나 되는 — 매장 주변의 경쟁 환경, 주변 지역에 거주하는 고객의 특성, 매장의 영업전략과 점장의 경영철학 등 너무 나 많은 측면에서 서로 상이한 ― 매장들에서 공통적으로 적용할 수 있는 '계산대에서의 고객만족도 향상' 방안을 마련하기란 고혈압에도 효과가 있고 심부전증과 류마티스 관절염에도 효과가 탁월한 만병통치약을 개발하는 것과 별반 다르지 않은 일이다.

그러므로 무한도전 팀에게 주어진 여건, 즉 3개월이라는 결코 길지 않은 기간과 6명이라는 적은 인력(그것도 본연의 업무를 수행하면서 추가적으로 틈을 내어 디자인 프로젝트를 수행해야 하는 시간적 제약을 가진 사람들), 그리고 200만 원이라는 빠듯한 예산의 범위 내에서 디자인 프로젝트를 성공시키려면 스폰서의 기대 수준을 과감하게 낮춰야 할 것이다.

예를 들어 무한도전 팀은 스폰서를 면담하기 전에 과거 1년 정도의 매장별, 월별, 고객만족도 조사결과를 토대로 하여 만족도가 특히 낮은 몇 개의 매장을 고른 다음, 그중에서 점포장의 혁신 마인드와 당신의 팀원들과의 관계 등을 기준으로 딱 한 개의 매장을 고를 수 있을 것이다. 그러고는 그 매장을 대상으로 시범적으로 당신 팀의 아이디어를 실행에 옮겨서 단기간에 (3개월의 프로젝트 수행기간 중이면 최선일 것이다) 가시적 성과를 낸 다음, 이를 토대로 전사적인 확대 방안을 만들겠노라고 공정한 전무를 설득할 수 있을 것이다.

이런 식으로 과제의 범위를 축소하는 작업을 '포커싱Focusing'이라 부르기로 하자. 과제의 범위를 축소할 때 당신과 당신의 팀원들은 '의사결정 그리드Decision Grid'라는 도구를 사용할 수 있다. 아이디어를 실행에 옮기기 쉬운 정도와 실행에 옮겼을 때 기대되는 효과의 크기를 기준으로 30개의 매장들을 평가한 다음 9번 칸에 위치하는 매장을 초기 공략 대상으로 선정하면 된다.

☆ 의사결정 그리드 ☆

지금까지 설명한 '스폰서의 기대사항 명확화'와 '프로젝트 범위 축소'를 통해 무한도전 팀은 아마도 오른쪽 페이지에서 보는 바와 같은 〈무한도전 팀의 디자인 개요 1차 수정본〉을 작성할 수 있을 것이다.

자! 그럼 이렇게 공을 들여 작성한 디자인 개요를 북극성 삼아 디자인씽킹 프로세스의 첫 번째 단계인 '고객공감'을 향해 험난하고도 재미난 항해를 시작해보자.

☆ 무한도전 팀의 디자인 개요 1차 수정본 ☆

프로젝트 개요	계산대 부근에서의 고객만족도를 향상시킨다.
의도(범위)	− A마트 C매장 (수도권 D신도시 소재, 5개월 전 신규 오픈) − 계산대 부근에서의 고객만족도 개선을 위한 구체적인 실행계획 − 대기 라인 재설계 − 대기 시간 단축 방안
제약 요인	− 프로젝트 팀의 활동 기간은 3개월에 한함 − 프로젝트 팀원들은 본연의 업무를 수행하면서 이 디자인 프로젝트를 추가로 추진해야 함 − 프로젝트 팀에 부여되는 조사 연구비는 2oo만 원임
목표 고객	− A마트 C매장의 이용고객 − 심하게 불만을 제기하는 고객집단 중 헤비유저, 오피니언 리더
탐구 과제	− 계산대에 관련된 고객의 불만사항은 무엇인가? − 경쟁사(B마트)는 어떻게 하고 있는가? − 가장 심하게 불만을 제기하는 사람들의 인구통계적, 심리통계적 특성은 무엇인가?

**장기적 관점의
기대 효과**
	− C매장의 성공 경험을 본 프로젝트 종료 후 1년 시점까지 전국의 나머지
	  29개 매장에, 매장 각각의 특성에 맞도록 변환하여 확산시킴으로써
	  A마트의 고객만족도를 현재의 15o%까지 향상시킨다.
	− 이를 통해 A마트의 브랜드 이미지와 시장점유율을 제고한다.

성공(평가) 지표	− 현실적으로 실행가능한, 즉 매장의 현실과 현장 직원들의 상황에
	  적합하면서도 많은 비용을 발생시키지 않는 해결방안을 개발했는가?
	− 팀이 개발한 해결방안의 실행을 통해 대기시간을 현재의 2/3 수준으로
	  낮출 수 있는가?
	− 팀이 개발한 해결방안의 실행을 통해 심하게 불만을 제기하는 고객집단 중
	  헤비유저, 오피니언 리더의 고객만족도를 현재의 15o% 수준으로 높일 수
	  있는가?

기간/예산	− 3개월 − 팀당 2oo만 원(조사연구 및 활동비)

디자인씽킹 프로세스와 방법론의 유연한 적용에 관하여

디자인씽킹의 각 단계를 수행하다 보면 해당 단계에서 필요한 내용이 앞 단계로부터 충분히 준비·정리되지 않거나 새로운 내용 파악이 필요한 경우가 종종 발생한다. 가령 '고객공감' 단계에서 사용자 조사를 진행한 후 이 내용들을 분석하는 과정에서 다음과 같은 상황이 발생할 수 있다.

"이 내용은 사용자 의도가 무엇인지 아직 명확하지 않아."
"같은 조건인데 사용자가 보이는 행동들이 서로 다르네. 몇 명 더 추가해서 조사를 해야 할 것 같아."

프로토타입(시제품)을 만들고 테스트하는 단계를 진행하다 보면 다음과 같은 상황이 발생하기도 한다.

"시제품을 테스트하려고 보니 사용자의 기대사항을 좀 더 구체적으로 정리할 필요가 있겠어."
"디자인 개요에서 설정했던 조사 대상자를 좀 더 넓혀서 내용을 파악해야 할 것 같아."

이와 같은 상황들이 생기는 이유는 각 단계의 설계가 완전하지 못하여 다음 단계에서 필요한 내용을 제대로 추출·정리하지 못한 탓일 수도 있고, 제대로 설계해 진행했더라도 추가적인 설계나 조사를 통해 좀 더 명확하고 구체적인 작업이 필요하기 때문일 수도 있다.

이는 디자인씽킹에서는 매우 자연스럽고, 오히려 내용을 보다 충실하게 하기 위해 권장하는 방식이기도 하다. 따라서 디자인씽킹 프로세스의 순차적인 단계만을 고집하여 진행하기보다는 필요에 따라 앞뒤 단계들을 오고 가는 유연한 진행 방식을 선택하는 것이 필요하다.

여러분은 이 책에서 디자인씽킹의 일련의 단계를 익힐 수 있을 것이다. 하지만 실제로 프로젝트를 수행할 때는 디자인 개요 작성 단계부터 고객공감, 문제정의, 아이디어 도출과 콘셉트 개발, 프로토타입 제작과 테스트 등의 단계들을 필요에 따라 왔다 갔다 하며 유연하게 수행할 필요가 있다. 이를 통해 더욱 완벽하고 탄탄한 프로젝트 결과물을 도출할 수 있기 때문이다.

디자인씽킹의 각 단계에서 활용되는 방법론(사용자 조사 방법, 분석 방법 등)들은 "이 방법론이 최고다." 또는 "가장 익숙한 방식을 활용하라." 등의 원칙이 적용되지 않는다. 과제의 내용, 범위, 산출물의 성격 등에 따라 가장 적합하다고 판단되는 방법론들을 취사선택하여 활용하는 것이 좋다. 이를 위해서는 여러 방법론들의 활용 방법과 효과 등을 미리 알아두고 경험을 쌓아둘 필요가 있다. 다만 프로젝트를 설계할 때부터 어떤 방법론을 사용할 것인지 결정해두려 하지 말고 몇 가지 방법론들을 시도해보다가 최적의 방법론이 드러나면 그때 그것을 활용하면 된다. 사전 설계에 부담을 가질 필요가 없다는 말이다. 다양한 시도를 통해 최적의 방법론을 찾는다는 여유있고 유연한 마음가짐으로 진행하자.

정리하자면 이 책에서 설명한 방법론 모두를 과제 수행 시마다 거칠 필요가 없다는 뜻이다. 여러분이 맡은 과제에 가장 적합한 방법론을 찾아 활용하기를 바란다.

고객공감 단계

3부

고객의 신발을 신고,
고객의 마음으로

❝모든 일은 시작이 중요한 법이다. 혁신 TFT의 디자인 프로젝트 과제 중 '계산대에서의 고객만족도 향상'이라는 중차대한 주제를 맡은 무한도전 팀은 일단 팀 구성과 팀 운영을 위한 규칙을 결정했고, 각 팀원들의 역할 배정까지 완료했다. 또한 프로젝트의 명확한 범위와 수행 방법, 기대 효과 등을 정의하기 위한 디자인 개요도 팀원들이 함께 작

성했다. 디자인씽킹에 기반을 둔 프로젝트의 첫 관문을 성공적으로 통과한 것이다. 이제 디자인 개요에서 확정한 내용에 따라 실제 현장에서 고객의 이야기를 듣고 행동을 관찰하는 작업을 수행할 것이다. '고객공감' 단계로 들어가는 것이다.

비즈니스씽킹과 비교할 때 디자인씽킹의 가장 큰 특징 중 하나는 '고객공감Empathy'이다. 고객공감이란 예를 들어 무한도전 팀이 해결하고자 하는 '계산대에서의 고객만족도 향상'이라는 문제 또는 '스마트폰 어플', '회사의 인사고과 제도', '대학교 캠퍼스의 자전거 거치대'와 같은 제품·서비스·시스템·제도 등을 사용자(고객) 관점에서 느껴보는 것을 말한다. 디자인씽킹 전문가들의 표현을 빌리자면 "고객의 신발을 신고 고객의 눈과 마음으로, 고객의 입장이 되어 보는 것"이다. 굳이 고객공감이라 정의한 이유도 바로 여기에 있다.

고객공감은 왜 중요한가

디자인 프로젝트의 초기 단계에서 고객공감의 중요성을 머릿속에 각인시키기 위해 다음의 몇 가지 예를 소개한다.

첫째, 미국의 유명한 세탁비누회사인 타이드Tide 사가 세탁비누 사용자들을 대상으로 조사를 진행했을 때 세품을 포장한 외관에 대한 만족도는 매우 높앗으나, 실제 조사 연구원들이 이들의 세탁실을 방문했을 때 꽤 많은 집에서 세탁기 근처에 비누가 잔뜩 묻은 드라이버가 놓인 것을 볼 수 있었다. 연구원이 물어보자 그들은 드라이버를 "비누 박스를 열 때 사용한다."고 말했다.[5]

둘째, 혁신으로 유명한 제너럴 일렉트릭General Electric 사의 의료장비 팀에 근무했던 더그 디츠 씨는 자신이 개발한 MRI(자기공명영상) 시스템이 설치된 병원에서 고객공감의 중요성을 절감했다. MRI 촬영을 위해 대기실에 앉아있던 어린 소녀가 아빠의 손을 꼭 붙들고 겁에 질린 표정으로 눈물을 글썽이는 모습을 본 것이다. 더그 씨를 더욱 놀라게 한 사실은 MRI 검사를 받는 동안 아이들이 움직이지 않도록 마취를 시킨다는 점이었다. 그가 개발한 MRI 시스템은 의사들에게는 칭찬과 경탄을 자아내는 완벽한 첨단기기였지만 울고 있던 아이에겐 자신을 집어삼킬 크고 무서운 괴물일 뿐이었던 것이다.

그 사건 이후 그는 일일보육센터에서 아이들을 관찰하고 전문가들과 대화를 나누면서 어린이 환자들의 심리에 대해 이해하려는 노력을 기울였다. 고

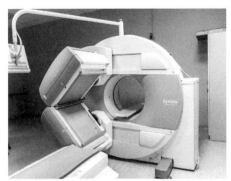

병원에 설치된 기존 MRI 장비와 지금은 많이 범용화된 어린이용 MRI 장비[7]

객공감을 통해 그의 팀은 '어드벤처 시리즈'라 불리는 새로운 MRI 시스템을 만들었다. 예를 들어 MRI 기계 외부와 검사실의 모든 벽면에 아이들이 좋아할 만한 그림을 붙여서 MRI 기계가 해적선 또는 우주선처럼 보이게 한 것이다. 그런 다음 어린 환자들에게 해적선에 올라타 있는 동안에는 움직이지 말고 조용히 있어야 한다고 당부하거나, 우주선이 '초공간 항속모드'로 바뀌는 중이니 그 소리를 잘 들어보라고 권하는 식으로 어린 환자들을 안심시켰다. 고객공감을 토대로 한 디자인의 변화 덕분에 어린이 환자들의 만족지수는 90% 이상 증가했다.[6]

셋째, 개발도상국 원조프로그램의 일환으로 선진국 구호재단이 인도의 어느 시골 마을에 우물을 파주고 펌프를 설치해주었다. 그들이 관찰해본 결과, 그 마을 대부분의 아낙네가 물을 긷기 위해 매일 물동이를 머리에 이고 왕복 두 시간이 넘는 거리를 걸어 다녀야 했기 때문이다. 그러나 꽤 많은 비용을 들여 정성스럽게 설치한 펌프는 몇 달이 지나도록 아무도 사용하지 않았고, 끝내 녹이 슬어버려 동네의 흉물로 변해버렸다. 왜 이런 일이 벌어졌을까? 대가족이 모여 사는 가정에서 며느리들이 물을 긷기 위해 집을 나서는 일은 시어머니와 아이들로부터 해방되어 자기들끼리 친목을 다지는 자유시간이었던 것이다. 이는 고객공감 없이 구호재단, 즉 공급자 관점에서 문제를 해결하려 했던 대표적인 실패 사례라 할 수 있다. [8]

위의 3가지 사례로부터 알 수 있는 바와 같이 고객공감이 필요한 이유는 다음과 같이 정리할 수 있다.

— 고객공감이 제대로 이루어지면 공급자 입장에서 멋져 보이는 해결책이
아니라, 고객에게 진정으로 필요한 해결책을 만들 수 있다.
— 고객공감은 기술 본위의 최첨단(처럼 보이는) 해결책이 아니라 인간 중
심적인 해결책을 만들기 위해서 필요하다.
— 고객을 진정으로 공감하면 해결한 것처럼 보이는 피상적인 해결책이
아니라 종합적이고 근본적인 해결책을 얻을 수 있다.

새로운 서비스나 제품을 기획할 때는 궁극적으로 시장에서의 성공 확률, 즉
사용자(고객)로부터 선택받을 확률을 최대한 높여야 한다. 기획자 본인의 경
험에 의거한 기획이거나 현장이 아닌 회의실에서 결정된 기획일 경우 고객
의 기대와는 거리가 먼 결과물이 되기 쉽다.

비즈니스는 고객이 기꺼이 돈을 내고서라도 제공받고자 하는 기대(사용자 가
치) 또는 해결해야 할 고통점들을 찾아 서비스나 상품에 구현해내는 것이 핵
심이다. 직접적인 영리 목적이 아닌 공공이나 교육 등에서도 서비스, 제품,
제도, 시설 등을 설계할 때는 사용자가 더 나은 경험을 제공받을 수 있도록
사용자 중심의 경험 설계(또는 재설계)를 해야 한다. 이를 위해 필수적이면서
중요한 요소가 바로 '고객을 직접 찾아가서 고객을 공감하는 것'이다. 고객
의 이야기를 직접 들어보고, 고객이 현장에서 서비스나 제품과 관련되어 수
행하는 행동들을 관찰함으로써 최대한 고객의 입장이 되어 이해하고 공감
하는 노력이 필요하다.

고객공감 단계에서 사용자(고객)로부터 수집하고 발견한 데이터들은 이후

분석 과정의 중요한 재료가 된다. 형식적이거나 일반적인 행태를 파악하는 수준의 데이터로는 분석 과정에서 핵심 메시지나 미충족 요구사항을 찾기 어려워 애를 먹을 수 있다. 즉 고객 행동에 대한 정교한 이해와 공감, 그리고 깊이 잠재되어 있는 욕구를 파악하는 일이 분석 과정의 정교함을 담보한다는 생각으로 고객공감 과정을 진행해야 할 것이다. 그렇다면 이렇게 중요한 고객공감 과정은 어떤 절차와 방법, 어떤 도구를 사용해서 수행하는 것이 좋을까? 지금부터 그 내용을 상세히 살펴보도록 하자.

고객공감을 위한 사용자 조사하기

디자인씽킹에서 활용하는 사용자 조사 방법은 무척이나 다양하다. 과제의 내용이나 기대하는 산출물이 어떤 것이냐에 따라 필요한 조사 방법이 달라지기도 하고, 과제 수행 팀에게 주어진 여건(시간, 과제 수행에 참여하는 구성원 수 등)에 따라 조사 방법이 정교하게 설계되어야 할 때도 있다. 한 가지 조사 방법만을 이용할 수도 있고 두세 가지 조사 방법이 함께 활용되기도 한다.

무한도전 팀 과제인 '계산대에서의 고객만족도 향상'은 현장에서의 고객 행동과 그 행동들에 영향을 주는 요소들을 유심히 관찰해야만 하는 과제다. 고객 입장에서 공감하려는 시도와 노력이 무척 중요하다고 할 수 있다. 계산대와 관련해 고객들의 경험과 그 안에서 해결되지 못하고 있는 불만사항을 심도 있게 파헤쳐보는 것이 필요하다. 미리 하는 이야기이지만, 고객공감 과정에서 사용자로부터 깊이 있고 다양한 데이터들을 얻어내면 다음 단계인 '문제정의' 과정에서 사용자 여정지도나 친화도법, 공감지도 등의 분석 방법을 활용할 때 무척 도움이 된다. 물론 이와 반대로 제대로 된 데이터를 충분히 얻어내지 못했을 경우 "아차, 이걸 더 물어봤어야 했는데…", "이런 관점에서도 관찰해봤어야 했는데…" 하면서 애를 먹게 되는 경우도 있다.

무한도전 팀은 두 가지 고객공감 도구를 활용하기로 했다. 하나는 마트의 해비유저와 A마트와 경쟁사인 B마트 계산대 점원을 대상으로 1:1 심층 인터뷰를 하는 것이다. 그들의 이야기 속에서 계산대를 둘러싼 고객의 경험, 계산원들의 기대사항들을 파악할 수 있으리라 기대하고 있다. 또 하나의 도구는 A마트와 경쟁사인 B마트를 찾아가 계산대 주변은 물론 마트 쇼핑 전반을 아우르는 쇼핑 행태를 관찰하는 것이다. 무한도전 팀은 계산대뿐만 아니라 고객이 집에서 나와 마트에서 쇼핑을 하고 다시 집으로 돌아오는 과정 전체를 동행하며 관찰할 계획을 세웠다.

지금부터 무한도전 팀이 설계하고 수행할 두 가지 고객공감 도구에 대해 그 필요성과 수행 방법, 그리고 진행 시 유의할 사항들에 대해 알아보도록 하자.

'해비유저'의 기준은 무엇일까?

디자인씽킹에서 사용자 조사 대상자를 선정할 때 특히 고려해야 할 점이 있다. 우리가 일반적으로 생각하는 평균적인 사용자보다는 해당 서비스나 제품과 관련하여 사용 행태나 구매 등의 활동이 많은 사람, 즉 해비유저 Heavy User을 대상자로 선정해야 한다는 것이다.

그 이유는 평균적인 사용자의 경우 해당 서비스나 상품과 관련하여 이용 행태가 많지 않다 보니 서비스·제품에 대한 불편을 못 느끼거나 느끼더라도 이를 극복하기 위한 고민이나 행태들이 인터뷰에서 나타나기 쉽지 않기 때문이다. 이용 행태가 많은 해비유저의 경우 자신이 느낀 불편함이나 불만을 자신만의 자구책Workaround을 통해 해결하는 모습이 여기저기에서 나타나기도 하고, 자신의 경험에 대해 허심탄회하게 이야기를 하기도 한다. 인터뷰에서 찾고자 하는 사용자의 고통점이나 미충족 요구사항들은 바로 이러한 자구책이나 풍부한 경험 속에서 훨씬 용이하게 찾을 수 있다. 물론 과제 내용에 따라 일반적인 사용 행태를 보이는 사용자를 인터뷰할 수도 있고, 사용 자체를 안 하거나 과거에 사용했다가 이제는 사용을 그만둔 사용자를 인터뷰할 수도 있다.

일반적으로 디자인씽킹에서 사용자 조사 대상자의 조건에 대해 이야기할 때는 '충성고객'보다는 '해비유저'라 칭한다. 충성고객은 해당 서비스나 매장 등에 대해 재방문, 긍정적 입소문[viral] 등의 역할을 하는 이른바 '단골을 칭하는 용어이다. 디자인씽킹에서 사용자 조사 대상자가 가져야 하는 요건은 풍부한 사용자 경험, 그리고 이에 기반하여 그 경험을 이야기해주거나 일상에서의 욕구, 고통점들을 이야기해주는 것이므로 충성고객보다는 해비유저라 표현하는 것이 정확하다. 따라서 이 책에서는 충성고객이 아닌 해비유저로 통일했다.

STEP #3
고객의 속마음은 무엇인가
— 고객 심층 인터뷰 —

무한도전 팀은 마트에서 계산과 연관된 사람들을 직접 만나서 1:1로 인터뷰를 진행할 예정이다. 인터뷰 대상자로부터 자신의 경험에 근거한 깊이 있는 이야기를 듣고 불편함이나 기대사항들을 찾아내고자 한다.

인터뷰 대상자를 선정하다

✖

인터뷰를 통해 얻고자 하는 것이 무엇이냐에 따라 인터뷰 대상자의 조건과 인원 수가 결정된다. 무한도전 팀의 경우에는 마트 계산과 관련하여 대표성을 지니거나 의사결정에 영향을 주는 기준 등을 판단하여 선정하면 될 것이다. 가령 상품 구매와 관련된 것이라면 상품을 사용하는 사람^{Product User}, 상품 구매 결정을 하는 사람^{Decision Maker}, 상품 구매에 영향을 주는 사람^{Decision Influencer} 등을 인터뷰 대상자로 포함시킬 수 있다.

무한도전 팀은 마트에서 쇼핑할 때 계산과 연관된 행동을 하는 이해관계자를 나열해보았다. 마트 고객, 계산원, 마트 관리 직원 등을 생각해볼 수 있었다. 무한도전 팀은 우선 마트 고객을 성별, 연령별로 구분한 후 10명의 헤비유저를 선정해 인터뷰하기로 했다. 또한 계산대에서 근무하는 계산원(A마트, B마트 각 2명)도 인터뷰하기로 했다. 마트 관리 직원을 인터뷰할지 말지의 여부는 진행상황을 보며 결정하기로 했다.

인터뷰 대상자 수는 인터뷰에서 얻고자 하는 내용의 구분(성별, 연령, 사용 행태 차이의 구분 등)을 충분히 고려하고, 인터뷰에 할애할 수 있는 시간이나 투입 가능한 인력, 비용 등을 감안하여 결정해야 한다. 이처럼 실제로 과제를 수행할 때는 팀원 간의 협의를 통해 수행 과제에 필요한 내용들을 최대한 잘 얻어낼 수 있는 대상자를 선정하여 진행하는 것이 필요하다.

인터뷰 질문지를 준비하다

✖

인터뷰를 진행하기 전에 무한도전 팀은 함께 논의하여 인터뷰 질문지를 작성기로 했다. 인터뷰 질문지는 프로젝트 결과물을 도출하기 위해 인터뷰 대상자로부터 얻어낼 사항들을 사전 정리하고 이에 기반을 두어 작성해야 한다. 인터뷰 질문지를 어떻게 작성하느냐에 따라 인터뷰 결과가 달라질 수 있으므로 무한도전 팀은 다음과 같은 작성 절차에 따라 정리했다. 질문지 작성 예시는 다음 페이지를 참고한다.

✚ 질문지 작성 절차 ✚

1. 수행 과제의 결과물을 얻기 위한 핵심 질문을 정리한다.

2. 핵심 질문의 답을 얻기 위해 알아야 할 내용을 정리한다.

3. 알아야 할 내용들을 파악할 수 있는 할 조사 방법을 정리한다(인터뷰, 관찰 등).

4. 그중 인터뷰를 통해 답을 찾을 리스트를 정리하여 질문지를 작성한다.

※ 관찰을 통해 얻어야 할 내용들은 별도로 정리하여 관찰조사 수행 시에 활용한다.

인터뷰 참여자의 역할을 정의하다

✖

1:1 인터뷰더라도 실제 인터뷰에 참여하는 사람은 그보다 많다. 무한도전 팀 6명은 '무한'과 '도전' 두 개의 조로 나누어 인터뷰를 진행하기로 했다. 무한 도전 팀원들이 인터뷰 진행 시 맡은 역할과 준비물은 다음과 같다.

— 무한 조(3명) : 인터뷰 진행자 + 내용 기록자 + 인터뷰 촬영자
— 도전 조(3명) : 인터뷰 진행자 + 내용 기록자 + 인터뷰 촬영자

☆ 무한도전 팀의 마트 고객 대상 인터뷰 사전 질문지 ☆

▶ 수행 과제 : 계산대 부근에서의 고객만족도를 향상시킨다.
▶ 핵심 질문 : 계산대에서 고객이 기대하는 만족스러운 경험은 무엇인가?

▶ 핵심 질문의 답을 얻기 위해 알아야 할 내용과 조사방법
  – 고객은 언제 마트를 방문하는가? (인터뷰)
  – 고객은 마트 방문 전 무엇을 하는가? (인터뷰 · 관찰)
  – 마트 방문 전 고객이 중요시하는 것은 무엇인가? (인터뷰)
  – 마트 계산대에서 기다리는 동안 고객은 무엇을 하는가? (인터뷰 · 관찰)
  – 계산을 마치고 고객은 어떤 행동을 하는가? (인터뷰 · 관찰)
  – 고객의 불만족스러운 방문 경험은 어떤 것들인가? (인터뷰)

▶ 인터뷰 시 질문
  – 주로 언제 마트를 방문하시나요?
  – 왜 그때 마트를 방문하시나요?

  – 어떤 방법으로 마트에 가시나요?
  – 마트로 가는 상황을 설명해주세요.

  – 마트 방문 시 무엇을 하는지 최근 경험을 자세히 이야기해주세요.
  – 마트에 가기 전에 집에서 무엇을 하시나요?
  – 마트에 들어가면 가장 먼저 하는 것은 무엇인가요?
  – 마트 계산대에 들어갈 때 무엇을 고려하시나요?
  – 마트 계산원과 무슨 이야기를 나누시나요?

  (이하 계속 정리)

※ 인터뷰 질문들에 대한 인터뷰 대상자의 답변에 대해서는 단순히 답변만으로
  끝내지 말고, 반드시 그 이유나 상세한 경험을 추가적으로 질문한다.
  " 왜 그런 행동을 하셨나요?", "왜 그렇게 느꼈나요?", "그렇게 말씀하신 의미가
  무엇인지 좀 더 상세히 이야기해주세요." 등

✚ 인터뷰 진행자

인터뷰 전체를 진행하고 실제 질문을 하는 역할을 맡는다. 인터뷰 대상자가 편안한 마음으로 이야기할 수 있도록 인터뷰의 흐름과 분위기를 능숙하게 관리해야 한다. 인터뷰 질문은 팀원들이 함께 만든 질문지를 활용하되, 인터뷰를 통해 얻고자 하는 내용들을 제대로 뽑아내려면 숙련되고 정교한 진행과 질문 스킬을 갖추어야 한다. ● 준비물 : 인터뷰 질문지

✚ 내용 기록자

인터뷰 대상자가 인터뷰 중에 말한 내용을 현장에서 모두 이해하고 숙지하기란 사실상 불가능에 가깝다. 또한 인터뷰에 참여하지 못하는 팀원이 있을 수도 있다. 따라서 인터뷰에서 이야기되는 내용을 노트에 기록하여 인터뷰 후에 다시 확인하거나 팀원들과 공유하는 용도로 활용할 필요가 있다.

인터뷰 내용은 노트나 포스트잇에 기록하면 된다. 이때 유의할 점은 기록자가 임의로 요약하거나 기록자만 알아볼 수 있는 형태로 기록하면 안 된다는 것이다. 인터뷰에서 이야기되는 내용은 아직 분석이 되지 않은 데이터라서 자칫 한 사람의 해석이나 요약으로 정리되는 경우 의미의 왜곡이나 추후 해석의 오류가 발생할 수 있다. 따라서 인터뷰를 기록할 때는 있는 그대로 받아적는다는 자세로 기록해야 한다. 인터뷰 중간에 떠오르는 인터뷰 기록자의 아이디어나 해석한 내용은 별도의 색깔 등으로 표기를 해두어 차후 분석에 활용할 수 있도록 하자. ● 준비물 : 노트 또는 포스트잇

✚ 인터뷰 촬영자

인터뷰 내용을 기록하는 것 못지않게 인터뷰를 촬영하는 것 또한 중요하다. 인터뷰에서는 단순히 주고받는 이야기만 중요한 것이 아니다. 경우에 따라서는 인터뷰 대상자의 침묵, 표정, 답변 시의 행동이나 제스처 등도 더 중요할 수도 있다. 인터뷰를 진행하는 장소, 소리, 분위기 등도 인터뷰 대상자의 행동이나 답변에 영향을 주는 요인이다.

인터뷰 촬영은 이러한 점들을 얻어내는 역할을 한다. 카메라나 캠코더로 인터뷰 현장의 모습을 자연스럽게 담아내고, 촬영된 사진이나 동영상은 인터뷰가 끝난 후 팀원들과 공유, 분석할 때 자료로 활용하자. 과제 발표 시 보고서에 활용할 수도 있을 것이다. ● 준비물 : 카메라, 캠코더, 녹음기

인터뷰 진행 순서와 방법이 궁금하다

✖

인터뷰를 진행하는 방법이나 순서가 따로 정해져 있는 것은 아니다. 하지만 일반적으로는 인터뷰 취지를 간단히 소개하고 날씨 등과 같은 인사 등으로 인터뷰 대상자의 긴장을 풀어준 후 주요 인터뷰 질문을 하는 것으로 진행된다. 인터뷰가 끝나면 추가로 하고 싶은 이야기가 있는지 등을 묻고 감사의 인사를 나누며 마무리한다.

무한도전 팀의 고객 심층 인터뷰는 총 80분의 시간 계획을 세웠다. 각 단

계별 시간 배분은 아래에서 보는 바와 같다. 이를 참고로 하여 인터뷰 계획을 세운 후 인터뷰 대상자의 답변 내용이나 심신 상태 등을 고려하면서 적절히 진행하면 될 것이다.

☆ 무한도전 팀의 인터뷰 진행 계획 ☆

진행 순서	주요 수행 내용
1. 인터뷰 소개 (5분)	- 인터뷰 목적을 설명하고 인터뷰 전체 진행에 대해 안내한다. - 인터뷰 내용에 대한 외부 비밀유지 동의서를 작성한다.

2. 친밀감 형성
(10분)
	- 인터뷰 대상자가 어색함과 부담감을 느끼지 않도록
	  서로 친밀감을 형성한다.
	- 날씨, 취미 등 인터뷰 대상자가 가볍게 이야기하거나
	  좋아할 만한 대화를 건넨다.

3. 주요 인터뷰 질문 진행
(60분)
	- 사전에 작성한 질문지에 기반을 두어 사용자 경험 등
	  인터뷰를 진행한다.
	- 마트 계산(결재)과 관련하여 사용하는 물품이나 기기를
	  함께 놓고 질문한다(영수증, 쿠폰, 지갑, 스마트폰 등).

4. 인터뷰 마무리
(5분)
	- 주요 인터뷰 질문에서 빠뜨렸거나 인터뷰 진행자 외에
	  참여자들이 묻고 싶은 내용이 있을 경우 질문한다.
	- 질문하지 않았지만 인터뷰 대상자가 추가로 이야기하고 싶은
	  내용이 있는지 질문한다.
	- 감사 인사로 마무리한다.

인터뷰 진행 시 유의사항이 궁금하다

✖

지금까지 고객 심층 인터뷰 준비에서 진행까지의 과정을 정리해보았다. 인터뷰 진행 순서와 방법 못지않게 팀원들이 유의해야 할 사항이 있다.

다년간의 인터뷰 경험으로 이미 탄탄한 노하우를 지닌 혁신 TFT 공정한 전무는 몇 차례의 미팅을 통해 무한도전 팀에게 이를 강조하였다.

✚ 친밀감 형성의 중요성

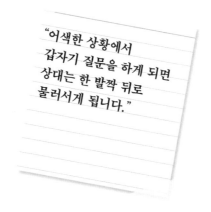

"어색한 상황에서 갑자기 질문을 하게 되면 상대는 한 발짝 뒤로 물러서게 됩니다."

어떤 일이든 원활히 소통하려면 일단 친해져야 한다. 인터뷰를 진행할 때도 이와 마찬가지다. 인터뷰 시작 단계에서 인터뷰 진행자와 인터뷰 대상자 간에 충분한 친밀감이 형성되어야 한다.

디자인씽킹에서의 고객 심층 인터뷰는 사용자의 깊이 있는 이야기를 끄집어내어 그 안에 숨겨져 있는 미충족 요구사항을 찾아내는 것이다. 단순히 질문 하나에 답변 하나를 얻어내는 형태가 아니다. 인터뷰 진행자가 질문하지 않더라도 인터뷰 대상자가 충분히 자신의 경험을 쏟아내고 불편함이나 만족감뿐만 아니라 채워지지 않았던 기대까지 표출하도록 해야 한다.

그러려면 인터뷰를 시작하자마자 직접적인 질문으로 들어가지 않도록 주의할 필요가 있다. 인터뷰 대상자는 준비되지 않은 상황이다. 그리고 인터뷰 진행자와는 아직 어색하기만 하다. 이런 상황에서는 솔직한 이야기를 들을 수 없다. 자칫 이상한 사람으로 비춰질까 염려하여 사실과는 다른 답변을 하게 될 가능성마저 농후하다.

친밀감 형성을 위한 효과적인 방법은 인터뷰 대상자가 편하게 꺼낼 수 있는 주제부터 말을 건네는 것이다. 좋아하는 음식이나 취미, 일상의 관심사 등에 대한 이야기로 일단 편안한 분위기를 조성해보자. 인터뷰 대상자는 이내 마음의 문을 열고 이어지는 인터뷰 질문들에 진솔한 이야기를 들려줄 것이다.

초반에 조급하게 서두를 필요가 없다. 가볍고 부담 없는 이야기로 상대와 충분히 친해져라. 그런 다음 인터뷰에 들어서도 늦지 않다.

✚ 개방형 질문의 중요성

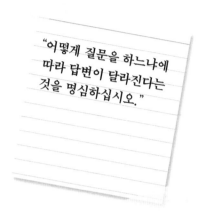

"어떻게 질문을 하느냐에 따라 답변이 달라진다는 것을 명심하십시오."

인터뷰를 진행하다 보면 기대했던 답변을 듣고자 하는 마음이 앞설 때가 있다. 이럴 때 잘못된 질문을 던질 가능성이 아주 높은데, 예를 들면 다음과 같은 질문들이다.

"당신이 사용하고 있는 서비스에 ○○○ 기능이 추가된다면 사용하실 의향이 있으신가요?"

"좋은 아이디어가 떠오르면 어디에 기록해두시나요?"

사실 위의 두 가지 질문은 인터뷰 목적에 따라 필요한 질문이 될 수도 있다. 하지만 디자인씽킹에서 강조하는 '개방형 질문'에는 적절하지 않다.

첫 번째 질문에 대한 답변은 보통 "예." 또는 "아니오."의 답변으로 나온다. 의미 있는 답변일 수도 있지만, 이 질문에는 아직 사용자의 경험이 제대로 반영되지 않은 "~한다면"이라는 조건이 붙어 있다. 이런 질문을 받게 되면 인터뷰 대상자는 자신의 실제 행동을 이야기하기보다 조건에 대한 판단을 답변할 가능성이 높다. 그럴 경우 실제 결과와 답변은 차이가 날 수밖에 없다.

두 번째 질문은 인터뷰 대상자의 답변을 인터뷰 진행자가 임의로 제약하는 경우이다. 인터뷰 대상자는 좋은 아이디어가 떠오를 때 자신이 어떻게 행동하는지 생각해보지 않은 상태이다. 그런 상태에서 '기록한다'는 행동 결과를 임의로 예측하여 질문했으니 '기록'이 아닌 다른 행동이 나타나는 경우를 놓치게 될 수 있다.

자신의 경험에 근거하여, 혹은 고정관념을 제거하지 않은 채 인터뷰 답변을 요구하는 것은 다양한 답변의 가능성과 새로운 기회를 없애는 행동과 다름없다.

"~와 관련하여 당신의 경험을 자세하게 이야기해주세요." 또는 "~일 때 당신은 어떻게 하시나요?" 등 인터뷰 대상자가 최대한 상세하게, 본인의 경험과 관점에서 이야기할 수 있도록 질문을 하자.

✚ 자연스럽고 편안한 인터뷰 분위기의 중요성

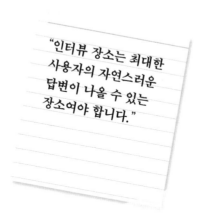

"인터뷰 장소는 최대한 사용자의 자연스러운 답변이 나올 수 있는 장소여야 합니다."

인터뷰 대상자의 행동이나 생각, 그것에 영향을 주는 요인들을 관찰하고 파악하는 것은 매우 중요한 일이다. 따라서 인터뷰를 할 때는 가급적 사용자가 있는 곳으로 방문하여 진행한다. 그것이 여의치 않을 때는 사용자가 서비스나 제품을 사용해볼 수 있는 현장에서 진행한다.

이 또한 불가능하여 회의실이나 회의 전용 공간을 이용해야만 하는 피치 못할 경우도 있을 것이다. 이 때에는 인터뷰 진행자의 노련한 스킬이 필요하다. 자칫 심문하는 딱딱한 분위기가 될 수 있으니 주의한다. 집이나 현장에서 인터뷰했더라면 발견할 수도 있었을 중요한 단초를 놓칠 가능성은 여전히 남아있다.

"인터뷰 질문지에
얽매여 진행할 필요는
없습니다."

인터뷰를 하다 보면 인터뷰 대상자의 답변이 질문의 의도와 다르게 흐르는 경우가 있다. 이는 자연스러운 현상이며, 답변이 왜 그렇게 나왔는지 파악만 잘한다면 오히려 기대하지 않았던 내용을 얻을 수도 있으므로 당황하지 않는다. 답변의 흐름에 따라가되, 주제에서 너무 멀리 와 버렸다고 생각될 경우 다음 단계의 인터뷰 질문을 던져 인터뷰 본래의 취지로 되돌아오도록 한다.

이렇게 자연스러운 인터뷰가 되려면 인터뷰 진행자가 인터뷰 질문지를 머릿속에 그리고 있어야 한다. 파일럿 인터뷰를 통해 사전 연습을 철저히 해두도록 하자.

✚ 인터뷰 깊이와 생생함을 지켜가는 중요성

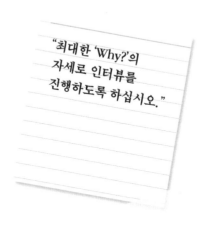

"최대한 'Why?'의 자세로 인터뷰를 진행하도록 하십시오."

질의응답 형식의 일반적인 인터뷰와 달리 디자인씽킹 고객 심층 인터뷰는 최대한 사용자 경험 깊은 곳까지 파고들어야 한다. 거기에서 사용자가 느끼는 고통, 또는 잠재되어 있는 미충족 요구사항을 찾을 수 있기 때문이다.

그러려면 인터뷰 대상자의 답변에 계속해서 "왜?"를 들이밀어야 한다. 이 때 "왜?"라는 질문만을 반복하지 말고 "왜 그런 행동(생각)을 하신 건가요?", "그 말의 의미가 무엇인지 좀 더 설명해주시겠습니까?", "그와 관련한 경험이 있다면 좀 더 상세히 이야기해주세요." 등과 같이 사용자로부터 풍성한 이야기가 나올 수 있도록 질문한다.

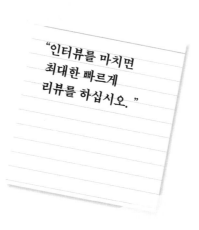

"인터뷰를 마치면
최대한 빠르게
리뷰를 하십시오. "

'에빙하우스 망각 곡선'에서도 알 수 있듯, 인터뷰가 끝나면 시간이 지남에 따라 인터뷰 현장에서의 생생했던 기억이나 느낌, 문득 떠올랐던 인사이트 등이 사라지게 된다. 고객 심층 인터뷰는 주로 사용자의 집이나 매장 등에서 진행하게 되므로 외부에서 인터뷰가 마무리될 경우가 많다.

따라서 인터뷰가 끝난 직후 인근 카페나 별도의 장소에 모여 인터뷰에서 나온 주요 내용들을 공유하고 서로의 이해를 돕는 작업을 해야 할 것이다. 주요 사항은 별도로 기록해두었다가 추후 분석 작업에 활용할 수 있도록 한다.

에빙하우스 망각 곡선 (Ebbinghaus Forgetting Curve)

망각 곡선은 시간이 지남에 따라 기억이 감소하는 정도를 말한다. 이 곡선은 기억을 유지하려는 시도가 없을 때 시간이 지남에 따라 정보가 손실되는 정도를 보여준다. 기억이 강할수록 더 오랜 시간 정보를 다시 떠올릴 수 있다.

망각 곡선의 전형적인 그래프는 사람이 며칠, 몇 주에 걸쳐 배운 새로운 지식을 의식적으로 복습하지 않는 한 기억한 내용이 반으로 줄어드는 것을 보여준다. 헤르만 에빙하우스가 의미가 없는 철자열(이를테면 'fjisd')을 가지고 망각의 양을 연구하여 에빙하우스 망각 곡선이라 불린다.[9]

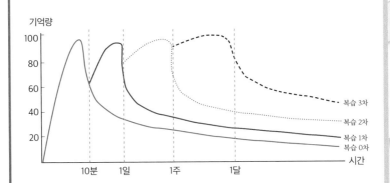

STEP #4
고객의 무의식까지 들여다보라

— 관찰조사 —

고객 심층 인터뷰를 통해 당신과 팀원들은 마트 사용자들의 행동과 생각에 대해, 그리고 경험에 관련된 이야기들을 들을 수 있었다. 하지만 다음과 같은 한계도 느꼈을 것이다.

— 인터뷰만으로는 실제 상황에서 그 사람의 행동을 모두 정확히 나타낼 수 없다.

— 사람들은 일상적인 불편함은 잘 인식하지 못한다. 이러한 불편함은 인터뷰로 찾아내기 쉽지 않다.

— 사람들은 자신이 인지하지 못하는 외부 영향이나 행동 유발 요인에 대해 이야기하지 못한다.

— 사람들은 인터뷰에서 평소 자신의 생각이나 행동과 반드시 일치하게

말하지 않는다.

특히 마트처럼 많은 사람이 주변에 있거나 계산원과 마주하는 상황에서 인터뷰를 하다 보면 실제 행동과 답변에 차이가 나는 경우가 많다. 왜냐하면 인터뷰란 모름지기 차분한 분위기에 기반을 둔 사용자 조사 도구이기 때문이다. 따라서 인터뷰만으로는 중요한 단서를 놓치거나 그릇된 내용으로 이해하게 될 수도 있다.

반면 관찰조사는 사용자들의 자연스러운 행동과 반응, 서비스나 제품을 이용하는 동선 등을 비교적 정확히 파악할 수 있는 장점이 있다. 하지만 질문을 통해 내용을 얻어내는 인터뷰 방식과 달리, 대상자가 무의식 중 하는 행동이나 사소한 외부 요인들까지 감지내야 하기 때문에 매익 눈과 같은 관찰 스킬이 요구되기도 한다.

인터뷰 방식과 관찰조사 방식의 목적과 특성이 각기 다른 까닭에 디자인 씽킹에서는 한 가지 방식을 사용하기도 하고, 경우에 따라서는 두 가지 방식을 상호 보완하여 진행하기도 한다.

관찰조사 준비하기

✖

무한도전 팀은 고객 심층 인터뷰 때와는 달리 팀원 각각의 역할을 정하지 않고 대상자에게서 관찰되는 내용들을 다각적인 관점에서 파악해보기로 했다.

팀원 각자가 관찰한 내용을 한데 모아 논의한다면 중요한 단초를 발견할 수도 있을 것이기 때문이다.

무작정 마트 현장으로 나가서 지켜보는 것이 관찰은 아니다. 인터뷰 질문지를 작성할 때 미리 생각해두었던 것들, 즉 관찰조사를 통해 얻고자 하는 사항들에 기반을 두어 무엇을 관찰할지, 어떻게 관찰할지를 팀원들과 충분히 토의하여 준비에 만전을 기해야 한다.

무한도전 팀 또한 그러한 과정을 거쳐서 마트 이용자를 대상으로 '동행 관찰조사Shadowing'를 하기로 결정했다. 이와 더불어 A마트와 B마트를 찾아가 마트 입구, 출구, 주차장, 매장 판매대, 계산대 등 주요 장소에서 고객들의 행동과 주변 환경을 관찰Store Audit하기로 했다.

관찰한 내용들은 현장에서 노트나 포스트잇에 적어두는 것이 좋다. 상황이 지나면 기억에서 사라져버리기 때문이다. 또한 관찰조사를 할 때는 사진이나 동영상을 가급적 많이 찍어두는 것이 필요하다. 나중에 관찰 내용을 분석할 때 팀원 각자의 기억이 다를 수 있기 때문이다. 사진이나 동영상을 찍어둔다면 현장에서는 놓쳤던 사실을 발견할 수도 있다.

✚ 동행 관찰조사 (Shadowing) ✚

관찰조사자가 대상자를 그림자처럼 따라다니며 대상자의 행동을 유심히 관찰하는 방식이다. 소비자의 쇼핑 동선을 따라가며 수행하는 조사 또는 소비자의 서비스·제품 이용 행태를 관찰하는 조사 등에 활용할 수 있다.

관찰조사 대상의 행동이나 생각에 영향을 주지 않도록 가급적 대상자의 시야에서 멀리 떨어져 관찰하는 것이 좋다. 관찰 대상자가 행동하는 모습들을 지켜보다가 궁금한 점이 생길 경우 그 자리에서 질문을 던져 답변을 들을 수도 있다.

✦ **스토어 오디트** (Store Audit) ✦

소비자가 매장에서 상품을 구매하는 모습이나 서비스를 이용하는 경험을 관찰할 목적

으로 활용된다. 과제와 관련이 있는 매장에 방문하여 소비자의 동선, 행동 등을 관찰

한다. 매장의 공간 구조, 물품 배치, 소비자 움직임, 점원과의 상호작용 등 소비자와

연관하여 발생하는 다양한 상황들 또한 관찰한다. 이때 관찰 대상자인 소비자들이 눈

치 채지 못하게 하는 것이 중요하다. 매장 직원들에게 방해가 되지 않도록 사전에 양

해를 구하도록 한다.

무엇을 관찰할 것인가

✖

눈앞에 벌어지는 장면을 수동적으로 보기만 해서는 사용자 행동 이면에 숨겨진 단초를 찾아내기 쉽지 않다. 자칫 두세 시간 관찰을 했지만 찾아낸 게 아무것도 없다는 느낌이 들 수도 있다.

무한도전 팀의 과제인 '계산대에서의 고객만족도 향상'은 계산대에서만 이루어질까? 어쩌면 계산과 관련한 고객의 행동에 영향을 주는 요인은 다른 곳에서 발생할 수도 있다. 따라서 마트에 진입할 때부터 마트를 떠날 때까지의 전 과정을 고객 입장에서 관찰해보는 것이 필요할 것이다.

관찰조사를 할 때는 주요 포인트를 미리 노트에 작성해두고 그에 맞추어 내용을 얻어내는 방법이 효과적이다. 디자인씽킹에서는 이를 AEIOU라고 부른다. 무한도전 팀이 관찰조사를 할 때의 주요 계획은 다음과 같다.

☆ 무한도전 팀의 관찰조사 진행 계획 ☆

A : 행동 Activities	- 관찰 대상자가 어떤 행동을 하는가? 그 행동의 목적은 무엇인가? 그 행동을 하는 데 영향을 주는 요인은 무엇인가? - 관찰 대상자가 행동(반응)을 하면서 어떤 표정이나 몸동작을 하는가? - 관찰 대상자를 둘러싼 주변 사람들은 관찰 대상자의 행동(반응)과 관련하여 어떤 행동을 하는가?
E : 환경 Environments	- 관찰 대상자에게 주어진 물리적 환경은 어떠한가? 주변 분위기는 어떠한가? 행동이나 생각에 어떤 영향을 주는가? - 관찰 대상자는 주변 환경을 어떻게 활용하는가? 주변 환경에서 불편함을 느끼는 점은 무엇인가? - 주어진 환경은 관찰 대상자의 동선이나 시선 등에 어떤 영향을 주는가?
I : 상호작용 Interaction	- 관찰 대상자와 타인 간의 관계에서 볼 때 서로 어떠한 상호작용을 하는가? (물리적 · 심리적) - 관찰 대상자가 혼자일 때와 여러 명일 때 행동에 영향을 주는 상호작용은 무엇인가? - 관찰 대상자(사람)와 사물(컴퓨터, 장비, 제품 등)과의 상호작용은 어떠한가?
O : 도구 Objects	- 관찰 대상자가 자신의 행동에서 사용하는 물건은 어떤 것들이며, 어떠한 목적으로 사용하는가? - 관찰 대상자가 제공하거나 제공받는 물건은 무엇이며, 어떤 상황에서 어떤 용도로 사용되는가? - 관찰 대상자가 사용하는 도구(물건) 중 원래 용도와 다르게 사용하는 것은 무엇인가?
U : 사용자 Users	- 관찰 대상자의 행동이 발생하는 장소에는 누가 있으며, 그들의 역할 및 관찰 대상자와의 관계는 무엇인가? - 관찰 대상자의 행동과 연관된 사람의 행동 특성은 무엇인가?

어떤 방법으로 관찰할 것인가?

✖

무한도전 팀이 마트에서 관찰조사를 할 때 무엇보다 중요한 것은 사용자 행동이 이루어지는 '상황을 관찰하는 것'이다. 즉 일부러 사용 환경을 설정하기보다는 '사용자(고객, 계산원)는 사용(구매, 결제, 계산 등)에 충실하고, 관찰자는 관찰에 충실하기'와 같은 자세가 중요하다.

어떤 행동을 취해달라고 요청하는 경우 그 자체가 사용자 행동에 영향을 주는 요소로 작용할 수 있다. 따라서 사용자가 예상과 다른 행동을 하더라도 내버려 둔 후 나중에 별도의 시간을 마련해 당시의 상황과 행동 이유 등을 묻는 것이 바람직하다. 이와 관련해 '호손 효과'를 참고해보자.

✚ **호손 효과** (Hawthorne effect) ✚

피실험자들이 스스로 실험 중이라는 사실을 알고 실험의 의도에 긍정적으로 동참하려는 행동을 말한다. 1924~1927년 미국 일리노이 주 시서로Cicero에 있던 호손 웍스Hawthorne Works 공장에서 실시했던 일련의 관찰실험 결과에서 유래했다. 이 실험은 작업장에서 전등 빛의 밝기가 노동자들의 생산성에 어떤 영향을 주는가에 대한 것으로 연구자들은 피실험자들의 작업 형태를 관찰하는 과정에서 작업장 전등 밝기를 증가시키면 생산성이 더 높아진다는 것을 발견했다. 하지만 연구가 끝나고 난 후 바로 생산성이 떨어지는 것을 보고 전등의 밝기가 생산성을 높이는 것이 아니라 실험 과정에서 연구자들이 피실험자들에게 보인 호의와 관심이 동기부여를 일으켰기 때문이라고 결론지었다. 최근에는 어떤 새로운 관심을 기울이는 것만으로도 사람들의 행동과 능률에 변화가 일어나는 현상을 일컫는다.[10]

관찰조사를 할 때 유의할 것들

✖

아무래도 회사의 혁신 TFT를 책임지고 있다 보니, 공정한 전무는 각 팀들이 진행하는 관찰조사 과정에서도 자신의 경험에 비추어 당부하고자 하는 사항들이 생겼다. 공정한 전무는 모든 팀에게 관찰조사 시 유의해야 할 점들을 수차례 강조하였다.

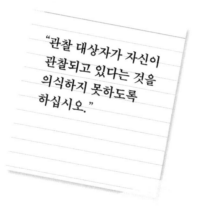

"관찰 대상자가 자신이 관찰되고 있다는 것을 의식하지 못하도록 하십시오."

관찰의 가장 자연스러운 방법은 몰래 카메라처럼 관찰 대상자가 자신의 행동이 관찰되고 있다는 사실을 인식하지 못한 상태에서 진행되는 것이다. 관찰되고 있다는 의식 자체가 행동에 영향을 주기 때문이다.

하지만 이러한 방법은 법적 또는 윤리적 문제가 있을 수 있다. 따라서 주어진 여건과 상황을 고려하여 가능한 범위에서 진행하도록 하자. 관찰조사를 사전에 알려야 할 경우에는 관찰 대상자와 사전에 충분히 친해질 시간을 가져서 낯선 사람으로부터 관찰된다는 느낌을 최소화하도록 하자.

"관찰 시 궁금한 점은 가급적 관찰조사 종료 후 별도의 인터뷰 시간에 물어보도록 하세요."

관찰조사를 하다 보면 관찰 대상자가 보인 행동의 이유가 무척 궁금해질 수 있다. 하지만 그때마다 행동의 이유를 물어본다면 관찰 대상자의 자연스러운 행동에 영향을 주게 되어 오히려 전체적인 관찰 효과가 떨어진다.

관찰조사를 진행하는 동안 물어보고 싶은 내용은 별도로 기록해두었다가 휴식시간이나 조사 종료 후 짧은 인터뷰를 통해 해결하도록 한다.

"관찰 시 가급적
많은 사진을 찍어
자료를 확보하세요."

    관찰 결과를 기억에 의존하여 분석하기란 쉽지 않다. 따라서 관찰조사를 할 때는 관찰 대상자에게 영향을 주지 않는 선에서 최대한 다양하게 사진과 동영상을 찍어두도록 한다.

    자세히 파악해야 할 행동이나 도구라면 클로즈업해서 찍어두는 것이 좋고, 행동이 발생되는 상황이나 환경이 중요하다면 주변 배경까지 함께 찍는 것이 바람직하다.

고객의 욕구, 고통점, 고객의 미충족 요구에 대하여

사용자(고객)가 무엇을 기대하는지를 이야기하다 보면 여러 용어들이 등장한다. 그중 디자인씽킹에서 자주 언급되는 용어가 욕구^{Need}, 고통점^{Pain Point}, 미충족 요구사항^{Unmet Needs} 등이다.

디자인씽킹이 우리 나라에서 시작된 것이 아닌 까닭에 영어로 불리는 이용어들을 우리나라 말로 바꿔 칭할 땐 다소 어색하다. 실제 현장에서는 단어 그대로 '니즈', '패인포인트', '언멧니즈'로 불리기도 한다.

하지만 디자인씽킹을 제대로 다루고자 하는 이 책에서는 이 용어들의 의미를 정확히 정리하고, '욕구', '고통점', '미충족 요구사항'이라 부를 것이다. 다만 이 용어들의 정의는 관련 업무를 수행하는 사람에 따라 다소 차이가 있을 수 있음을 전제한다.

✛ 고객의 욕구^{Needs} ✛

말 그대로 고객이 기대하는 것을 말한다. "~를 해주었으면 좋겠다.", "~하게 해주면 더 좋겠다." 등 고객이 직접 표현하는 욕구이다. 고객도 그 욕구를 잘 알고 있고 프로젝트 팀도 잘 파악하고 있는 욕구이다. 니즈는 제품(서비스)의 기능뿐만 아니라 기본적으로 고객이 제품(서비스)를 이용하는 데 필수적으로 적용되어야 하는 내용들인 경우가 많다. 사용성이나 편의성, 차별성 등 사실상 제품(서비스)의 경쟁 요소로 작용하는 중요한 내용들이다.

✚ 고객의 미충족 요구사항^{Unmet Needs} ✚

'욕구'와 비슷하지만 다소 차이가 있다. 이 역시 충족되지 않은 고객의 요구 사항(욕구)이지만 '미충족^{Unmet}'이란 표현을 사용한 이유가 있다. 고객의 행 동을 보면 분명 기대하고 있는 것들이 있는데, 고객 스스로가 그 불편함에 익숙해져 있어서 그것을 당연한 것처럼 받아들이는 것이다. 이러한 욕구는 사용자 스스로는 잘 모르고 있거나 제대로 표현하지 못한다. 하지만 인지 하지 못하고 있던 미충족 요구사항이 반영되어 제품(서비스)로 제공되었을 때 사용자(고객)은 크게 감동한다. 따라서 잠재되어 있는 고객의 미충족 요 구사항을 발굴하여 새로운 시장, 새로운 제품(서비스)을 만들어야 할 것이 다. 디자인씽킹에서는 '욕구'와 '미충족 요구사항' 모두가 중요하다. 다만 시장에서 차별적 경쟁력을 확보하려 하거나 획기적인 서비스 컨셉트를 통 해 주도적인 위치를 선점하려 한다면 욕구의 수준을 넘어 미충족 요구사항 을 찾아내는 날카로운 통찰력이 절실하게 필요하다.

✚ 고객의 고통점^{Pain Point} ✚

고객이 제품(서비스)를 이용하면서 맞닥뜨리는 불편함 또는 불만스러움을 말한다. 고통점은 물리적 또는 육체적으로 느끼는 불편함일 수도 있고, 심 리적 또는 감정적으로 느끼는 불만스러움일 수도 있다. 예를 들면 웹사이 트에서 클릭을 했을 때 불필요한 행동을 요구하거나 오류가 발생하는 상황, 또는 서비스를 이용하려면 사용 방법을 번거롭게 학습해야만 하는 상황이 이에 해당한다. 고통점은 사실상 최우선적으로 해결해주어야 하는 사항들이다. 왜냐하면 고통점 때문에 더 이상 해당 제품(서비스)을 이용하지 않고 이탈해 버릴 수도 있고, 다른 사용자에게 해당 제품(서비스)을 좋지 않게 소문을 낼 수도 있기 때문이다. 실제로 이러한 일은 자주 벌어진다.

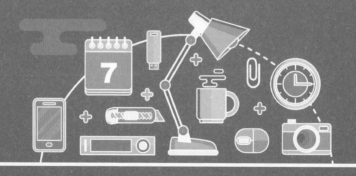

문제정의 단계

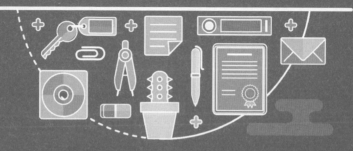

4부

보이지 않는 고객의 문제
찾아봅시다

"고객공감 단계에서 무한도전 팀은 마트 쇼핑에서의 계산 및 계산대와 관련하여 고객과 계산원을 대상으로 심층 인터뷰와 관찰조사를 병행하여 수행했다. 사용자 조사로부터 얻어낸 내용들은 있는 그대로의 사실이거나 아직 의미가 해석되지 않은 '날 것'의 상태이다. 날 것 상태의 정보를 그대로 받아들인다면 사용자 요구를 명쾌하게 도출하기 어렵다. 인터뷰 대상자가 불편하다고 했거나 필요하다고 했다 해서 그것을 구현해주었을 때 반드시 사용한다는 보장이 없기 때문이다. 단지 질문에 답변하기 위해 이야기한 것일 수도 있다.

따라서 문제정의 단계에서는 인터뷰 대상자가 이야기한 내용들을 전반적으로 깊이 파헤쳐보는 작업이 필요하다. 관찰조사에서 수집한 사진이나 동영상을 함께 분석하는 것도 필요하다. 이를 통해 현재 사용자(고객 또는 계산원 등)에게는 무엇이 문제인지, 궁극적으로 무엇을 기대하는지를 찾아내야 할 것이다.

문제정의 단계는 고객공감을 통한 분석과 통찰의 결과물, 다시 말해 인사이트를 도출해내는 과정이라 할 수 있다. 무한도전 팀처럼 고객을 성별, 집단별로 분류하여 여러 명을 인터뷰했을 경우, 사용자의 유형에 따라 도출되는 인사이트가 다를 수 있다. 사용자의 유형적 특성 외에 특정 조건이나 상황에 따른 인사이트가 도출되기도 한다. 따라서 문제정의 단계에서는 아주 작은 단위로 쪼개어 분석하는 작업이 필요하며, 때로는 이런 작은 단위들을 여러 형태로 조합해보거나 다양한 프레임에 얹혀보는 시도도 해야 할 것이다.

문제정의 과정을 통해 나타난 인사이트는 정답이 아니다. 문제정의에 참여하는 팀원들의 열정과 의지, 노력에 따라 한층 더 날 선 인사이트가 될 수도 있고, 치열한 논의의 과정을 거치다 보면 지금까지 당연하다고 생각해왔던 사실과는 다른 반전의 인사이트가 드러나기도 한다.

문제정의는 결국 '사람을 깊이 이해하는 것'이다. 사람의 생각과 행동의 기저에 있는 문제의 근본 원인을 읽어내고, 충족되지 못한 욕구를 찾아내는 것이 중요한 핵심이라 할 수 있다.

분석 과정에서 도출해낸 인사이트들은 이를 종합하여 그중 핵심이 되는 인사이트, 즉 서비스나 제품을 사용하는 사용자들이 가장 중요하게 여기는 가치를 뽑아내어 아이디어 작업에 사용한다. 따라서 분석 과정에서는 사용자가 진정으로 필요로 하거나 이 지점, 이 단계, 이 행동에서 강력하게 기대하는 욕구가 어떤 것인지를 정확히 찾아내는 것이 중요하다. 사용자 조사 때 얻은 내용들을 돋보기로 갖다 대며 세밀하게 파헤쳐보는 '정교한 분석', 상공에서 매의 눈으로 훑어보는 '전체적인 관점의 분석', 그리고 청진기를 가슴에 들이대며 눈을 감고 뭔가를 감지해내는 '깊이 있는 분석'이 필요하다.

이를 통해 '나에게 해주면 좋은', '있으면 좋은', '없는 것보다는 나은' 수준의 가치를 뛰어넘어 '이거 하나면 정말 고통스러운 부분이 해소되는', '기대가 높아 지금까지 해결되지 못했던', '내 지갑에서 기꺼이 돈을 꺼내서라도 경험하고 싶은' 수준의 가치를 제공해야 할 것이다. 팀원들이 생각해봤을 때 '이거 하나면 기존 시장에서 게임의 룰을 바꿀 수 있을 수 있다고 확신이 되는' 수준의 강력한 **독침**을 찾아낸다는 의지와 열정으로 문제정의 과정을 시작해보자.

STEP #5
의미 있는 인사이트는 어떻게 나오는가

— 사용자 조사 결과 분석하기 —

고객 심층 인터뷰나 관찰조사와 같은 사용자 조사에서 얻은 데이터에 대한 분석은 사실 정량적인 데이터 기반의 분석과는 다르다. 분석의 대상이 숫자가 아니기 때문이다.

무한도전 팀만 보더라도 계산대에서의 사용자 행동에 영향을 준 다양한 상황 요소들이 있을 것이며, 인터뷰 답변도 문맥에 따라 해석이 달라져야 할 수도 있다. 그래서 사용자 조사를 하다 보면 직감적으로 발견되거나 두드러지게 나타나는 주요 행태나 의미들을 모아 신속하게 분석 작업을 진행해야 하는 경우가 생긴다.

하지만 보통은 사용자 조사 후 분석 작업이 이루어진다. 물론 이때에도 어디에서, 무엇으로부터, 어떻게 시작해야 할지 막연할 수 있다. 그러나 일단 시작해보자. 시작을 해야 끝을 볼 수 있지 않은가. 다양한 분석 방법 중에서 적절하다고 생각되는 방법을 선택해서 일단 시작해보자. 'A의 경우에는 반드시 B의 분석 방법을 이용한다'는 것이 정해져 있지 않기 때문에 논의를 통해 최적의 방법이라 여겨지는 것을 선택하면 된다.

무한도전 팀은 이번 과제에서 3가지 분석 방법을 활용하기로 했다(일반적으로 자주 이용되는 방법들이다.). 이를 통해 계산대에서 사용자(고객과 계산원)에게 만족스러운 경험을 제공하기 위한 사용자 욕구를 정의해낼 수 있기를 기대하고 있다.

당연한 이야기지만, 필요에 따라 한 개의 분석 방법으로 작업을 할 수도 있고, 몇 개의 분석 방법을 동시에 또는 순차적으로 활용하여 작업을 할 수도 있다.

3가지 분석 방법을 잠시 소개하자면, 계산대에서의 사용자 행동과 패턴을 파악하기 위해 '친화도법^{Affinity Diagram}'을 활용하였고, 마트 사용자들의 특징, 고통점, 목적 등을 파악하기 위해 '공감지도^{Empathy Map}'를 작성했다. 마지막으로 계산대를 둘러싼 쇼핑의 전체적인 고객 경험을 파악하기 위해 '사용자 여정지도^{User Journey Map}'를 활용했다.

다시 강조하지만 가장 좋은 분석 방법이 따로 정해져 있는 것은 아니다. 그보다 더 중요한 것은 '사용자의 행동에서 진정으로 기대하는 것'을 찾아내고자 하는 자세이다. 이런 열정과 공감의 자세로 여러 분석 방법을 다양하게 시도해보면서 정교하게 인사이트를 도출해보도록 하자.

사용자 행동에서 패턴을 파악하는 '친화도법'

✖

✚ 친화도법의 기대효과 ✚

데이터를 체계적으로 분류하고 정리하는 분석 방법이다. 사용자 행동에서 '의미 있는 특징의 군집'이나 '규칙이 나타나는 패턴'을 찾아낸다.

무한도전 팀은 마트 고객과 계산원을 인터뷰하고 관찰조사를 수행하면서 사용자의 생각, 이야기, 행동 등을 담아낸 수많은 질적 데이터들을 수집하였다.

사용자 관점에서 현상을 분석하려면 이런 무수한 데이터 속에서 의미를 지니는 특성을 찾아내는 것이 중요하다. 유사한 내용으로 묶이거나, 서로 연관성 있는 데이터가 도출되거나, 공통의 규칙들이 나타난다면 거기에는 분명 문제의 원인이 숨어있을 확률이 높다.

'친화도법'은 데이터나 아이디어를 체계적으로 정리하고 분류하는 분석 방법이다. 사용자 조사를 통해 얻은 수많은 데이터들을 친화도가 있는 데이터끼리 모아서 구조화하는 방식이다.

친화도라 함은 의미상 가깝거나 유사한 기준일 수도 있고, 서로 연관성을 지닌 특성일 수도 있다. 혹은 규칙적으로 반복되는 패턴일 수도 있다. 여러 데이터들의 상호연관 관계를 분석해나가는 귀납적 접근 방법이며, 데이터로부터 의미 있는 규칙과 관련성을 찾아내기 위해 일반적으로 사용한다. 친화도법의 진행방법은 다음과 같다.

1 사용자 조사에서 수집한 데이터들을 포스트잇에 적는다.

  — 한 장의 포스트잇에 한 개의 사실을 적는다(한 개의 문장).

  — 누구나 알아볼 수 있을 정도로 구체적으로 적는다.

2 포스트잇을 벽에 붙인다.

3 벽에 붙은 포스트잇들을 분류하고 친화도를 찾아내 그룹으로 묶는다.

  — 유사성, 규칙(패턴), 연관성 등에 기반을 두어 다양하게 묶어보는 시도를 한다.

  — 팀원들과 토론을 통해 친화도 그룹의 객관성과 정확성을 높인다.

  — 한 개의 포스트잇만으로도 그룹이 될 수 있다.

4 그룹을 대표하는 제목을 작성하여 붙인다.

  — 별도의 색(또는 크기)의 포스트잇을 사용하면 제목의 구분이 용이하다.

  — 제목만으로도 그룹을 구성하는 데이터들의 특징을 파악할 수 있어야 한다.

5 그룹 제목들을 묶어 상위 제목을 작성하여 붙인다.

  — 내용이나 패턴이 잘 드러나는 제목으로 묶는다.

  — 상위 제목 역시 별도의 색(또는 크기)의 포스트잇을 사용하면 구분이 용이하다.

6. 위 2에서 5의 과정을 다양한 방식으로 반복하여 그룹핑한다.

— 반복되는 과정에서 새로운 인사이트가 찾아지는 경우도 있고, 더 의
미있는 패턴이 발견되기도 한다.

무한도전 팀이 친화도법을 활용한 결과는 다음 페이지에서 보는 바와 같
다. 친화도법을 통해 사용자조사에서 얻은 데이터를 여러 가지 방법으로 분
류하고 묶어본 결과 무한도전 팀은 다음과 같은 인사이트를 도출할 수 있
었다.

— 쇼핑에서 받을 수 있는 혜택을 마트 방문 전에 꼼꼼히 챙겨서 결재 시
놓치고 싶지 않다.
— 마트 내에서 제공하는 가격 혜택 수단을 고객이 미리 챙겨놓지 않으면
계산대에서 고객의 책임으로 돌아온다.
— 점원의 능숙하지 않은 계산 업무 처리는 계산 시간의 지체 요인이다.
— 점원 근무 교대 시 이미 기다리고 있던 고객의 계산이 지연된다.
— 바코드 스캔이 되지 않는 상황이 자주 발생해 바코드 번호를 입력해야
할 경우 추가 시간이 소요된다.
— 계산을 위해 카트에서 물건을 계산대에 올리고 내리는 과정이 귀찮다.

☆ 무한도전 팀의 친화도법 작업 결과 ☆

수시확인 작성	카테고리 수준의 메모	계산대에서의 시간 지연 요소	
쇼핑 직전 필요물품을 생각나는 대로 포스트잇에 적어 냉장고에 붙여둔다.	카테고리 정도만 정하고 구체적인 브랜드는 마트에 가서 정한다.	스마트폰, 종이쿠폰, 신용카드를 따로따로 제시하기가 귀찮고 불편하다.	어플이 가끔씩 새로 로그인을 하라고 하면 ID가 생각이 안 나 포기해버린다.
주말에 가서 살 것들을 달력에 적어둔다.	적어놓은 제품을 반드시 구입하지는 않는다.	스마트폰 멤버십 어플을 열어서 계산원에게 보여 준다.	내가 직접 챙기다 놓치는 혜택이 간간이 발생하다 보니 스트레스가 된다.
물건이 떨어질 때마다 그때그때 스마트폰 메모장에 적어둔다.	그때그때 필요한 물품들은 머릿속에 대략 기억하고 있다.	주민번호를 입력하는 것이 귀찮기도 하고 남들이 볼까 봐 걱정되기도 한다.	할인된다는 종이쿠폰을 직접 챙겨야 한다(안 가져가면 계산대에서 다시 매대에 다녀와야 함).
		가장 저렴한 제품이 어떤 것인지 파악하지 못해서 계산하고 나서 후회하는 경우가 있다.	

혜택을 더 잘 받기 위한 행동과 노력

배송비를 주고서라도 배송 받고 싶은데 소량은 그런 서비스가 없다.

친구에게 카톡으로 할인정보를 물어본다.

마트 쿠폰을 오려서 지갑에 챙겨간다.

무료 배송을 받기 위해 일부러 한두 개를 더 사려고 다시 쇼핑한다.

방문 시 사용할 신용카드와 멤버십 카드를 따로 챙긴다.

마트 앱에 들어가 할인정보를 찾아본다.

결제할 때 누릴 수 있는 혜택을 미리 알기 어렵다.

마트에 들어갈 때 전단지 할인상품을 먼저 찾아본다.

쿠폰을 적용하면 최종 가격이 얼마가 될지 가늠하기 어렵다.

SMS로 날라온 할인 정보를 찾아본다.

다른 집과 한꺼번에 배송받으면 배송비를 할인해주면 좋겠다.

물리적 동선과 서비스의 불편함/ 시간 지연 요소

내가 원하는 시간에 배송받기 위해 배송시간이 더 자주 있으면 좋겠다.

문 앞에 두고 가면 남들이 가져갈까 봐 걱정된다.

소량을 계산해주는 계산대가 하나밖에 없어서 어쩔 수 없이 대량 계산대에서 계산한다.

배송된 제품이 파손되어 있으면 반품하는 게 너무 귀찮다.

계산할 때 배송비도 같이 결제할 수 있으면 좋겠다(마일리지 사용 등)

점원이 처리를 잘 못해서 시간이 소요되는 경우가 많다 (신입직원인 것 같음).

통로가 좁아서 계산대 사이에 카트가 끼어 있으면 사람이 다니기 어렵다.

사용자의 잠재적 욕구를 알아내는 '공감지도'

✖

✚ 공감지도의 기대효과 ✚

사용자 조사를 통해 듣거나 관찰한 내용을 종합 정리하여 사용자의 행동 패턴, 사고의 특성, 고통점, 요구 등 깊이 있는 인사이트를 도출해내는 방법이다. 사용자 행동에서 패턴, 고통, 기대사항, 잠재적인 심층 욕구를 찾아낸다.

인터뷰를 하고 나면 사용자의 표면적 욕구는 쉽게 알 수 있다. 그러나 이러한 표면적 욕구들은 어쩌면 욕구의 강도가 크지 않음에도 단지 답변을 하기 위해 이야기한 것일 수 있다. 표면적 욕구들의 대다수는 다른 경쟁 서비스나 제품에 이미 구현되어 있는 것들이 많아서 구현하더라도 사용하지 않는 결과로 이어지기 쉽다.

사용자의 심층적인 욕구를 찾아내려면 인터뷰에서 얻은 데이터를 이리저리 엮어보는 시도를 수없이 해보아야 한다. 또는 팀원들과 계속해서 "왜 저렇게 행동했을까?"를 묻는 자세로 논의하는 것이 필요하다.

'공감지도'는 사용자 조사를 통해 듣거나 관찰한 내용을 종합 정리하여 사용자의 행동 패턴과 사고의 특성, 고통점, 요구사항 등 깊이 있는 인사이트를 도출하는 방법이다. 사용자가 오감을 통해 수행한 행동들을 모두 나열하여 정리한다고 생각하면 쉽게 이해가 될 것이다. 사용자가 말하고, 행동하고, 바라보고, 듣고, 생각하고, 느낀 점들을 분석하여 그 사용자가 당면한 문제점과 궁극적으로 얻고자 하는 기대사항이 무엇인지를 도출해보자.

공감지도를 작성하는 방법은 다음과 같다.

1 칠판 또는 큰 종이에 다음 페이지에서 보는 바와 같은 공감지도 양식을 그린다.

　— 혼자 하는 경우라면 A4 용지 한 장에 그리는 것도 가능하지만, 사용자
　　조사에 참여했던 팀원 모두가 협업을 통해 진행하는 것이 바람직하므
　　로 큰 종이에 그려 진행한다.

2 사용자 조사에서 수집한 내용을 기반으로, 팀원들과 함께 다음의 질문을 던지고 해
　당 내용을 포스트잇에 적어서 공감지도에 붙인다.

　✚ 질문 : 서비스나 제품을 사용할 때 또는 관련 환경에서 ✚

　– 사용자가 무슨 말을 했는가? (Say)

　– 사용자가 무슨 행동을 했는가? (Do)

　– 사용자가 무엇을 바라보았는가? (See)

　– 사용자가 주변 사람들로부터 무슨 말을 들었는가? (Hear)

　– 사용자가 어떤 생각을 했는가? (Think, 경우에 따라 작성자의 유추나 해석이 필요함)

　– 사용자가 어떤 느낌을 받았는가? (Feel, 경우에 따라 작성자의 유추나 해석이 필요함)

　– 사용자가 어떤 불편(불만)을 겪었는가? (Pain)

　– 사용자가 무엇을 얻고자(하고자) 하는가? (Gain)

　— 팀원 중 한 명이 질문을 읽고, 모든 팀원들이 각자 포스트잇에 해당 내
　　용을 적는다.

　— 자신이 적은 내용을 다른 팀원들에게 읽어주고 공감지도 해당 영역에
　　붙인다.

　— 내용을 공유하고 추가적인 의견을 나누면서 도출되는 인사이트는 별도

☆ 공감지도 양식 ☆

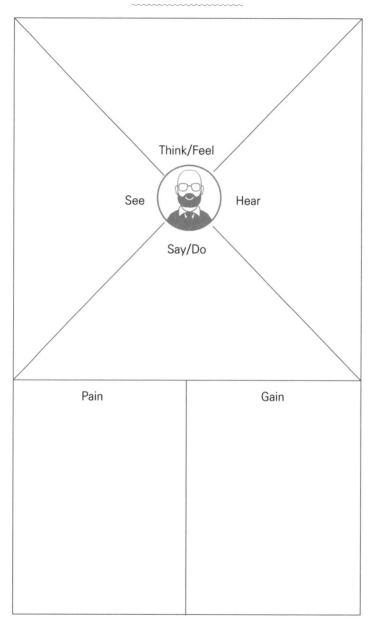

Think/Feel

See   Hear

Say/Do

Pain

Gain

색깔의 포스트잇에 적어 함께 붙인다.

3 공감지도에 붙인 포스트잇들로부터 인사이트를 도출해낸다.

— 각 영역에 붙인 포스트잇 내용들을 기반으로 팀원끼리 토론하고 분석한다.

— 사용자의 생각, 행동, 감정 자체가 의미있는 인사이트일 수 있다. 토론을 통한 깊이 있는 원인 분석에서 사용자의 미충족 요구사항이 드러날 수도 있다. 사용자의 니즈가 아니더라도 여러 행동이나 생각들을 대조, 비교, 연계, 패턴, 그룹핑 등을 하다 보면 의미있는 인사이트를 도출할 수도 있다.

— 공감지도에 붙인 내용들 자체가 사용자에 대한 특성을 분석한 인사이트로서 훌륭한 결과물이다. 사용자 그룹의 특성을 한 눈에 파악하는 데 도움이 되는 자료이다.

— 인사이트들은 궁극적으로 해결해야 할 문제의 해결방안 또는 구현 서비스나 제품에 반영해야 할 중요 요소이다.

4. 도출된 인사이트들을 별도의 포스트잇에 적어서 추후 아이디어 도출 단계에서 활용한다.

무한도전 팀은 공감지도를 통해 다음과 같은 인사이트들을 도출해냈다.

— 계산대에서 혜택을 챙기는 과정이 고객에게 심리적 불편함이나 긴장

☆ 무한도전 팀의 공감지도 ☆

김OO, 35세, 주부, 3세 딸

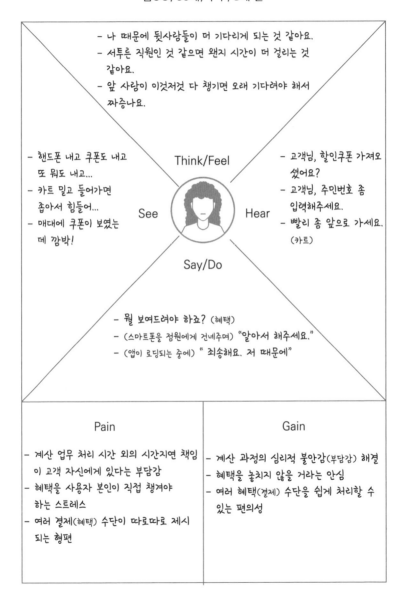

- 나 때문에 뒷사람들이 더 기다리게 되는 것 같아요.
- 서투른 직원인 것 같으면 왠지 시간이 더 걸리는 것 같아요.
- 앞 사람이 이것저것 다 챙기면 오래 기다려야 해서 짜증나요.

Think/Feel

- 핸드폰 내고 쿠폰도 내고 또 뭐도 내고...
- 카트 밀고 들어가면 좁아서 힘들어...
- 매대에 쿠폰이 보였는데 깜박!

See

Hear

- 고객님, 할인쿠폰 가져오셨어요?
- 고객님, 주민번호 좀 입력해주세요.
- 빨리 좀 앞으로 가세요. (카트)

Say/Do

- 뭘 보여드려야 하죠? (혜택)
- (스마트폰을 점원에게 건네주며) "알아서 해주세요."
- (앱이 로딩되는 중에) "죄송해요. 저 때문에"

Pain

- 계산 업무 처리 시간 외의 시간지연 책임이 고객 자신에게 있다는 부담감
- 혜택을 사용자 본인이 직접 챙겨야 하는 스트레스
- 여러 결제(혜택) 수단이 따로따로 제시되는 형편

Gain

- 계산 과정의 심리적 불안감(부담감) 해결
- 혜택을 놓치지 않을 거라는 안심
- 여러 혜택(결제) 수단을 쉽게 처리할 수 있는 편의성

감을 주면 안 된다.

— 계산대에서 고객이 혜택을 챙기는 작업을 최소화하면서도 받을 수 있는 혜택은 모두 받도록 해야 한다.

— 다수의 혜택 수단을 제시하는 방식은 계산 업무 처리 시간을 증가시킨다.

— 결제와 혜택을 위해 스마트폰을 이용하는 시간을 최소화하여야 한다.

— 무거운 물건을 바코드 찍기 위해 계산대에 올려놓는 것은 매우 불편하다.

사용자의 경험을 따라가는 '사용자 여정지도'

✖

✚ 사용자 여정지도의 기대효과 ✚

사용자 경험의 흐름을 전체적으로 파악하고 이해하기 위해 활용되는 방법이다. 사용자 행동에서 '사용자의 총체적인 경험'을 파악하고 사용자 경험의 만족도와 완결성을 높이기 위해 집중해서 관리할 부분을 찾아낸다.

사용자 조사로부터 사용자 욕구를 찾아냈다 하더라도 그것이 때로는 일부 국한된 행동이나 단계에만 해당되는 경우일 수 있다. 그러한 사용자 욕구는 일부 행동이나 단계에서는 유효할 수 있지만 전반적인 사용자 경험을 고려하지 못했기 때문에 제품이나 서비스 선택이 꺼려지거나 선택을 했더라도 이탈하는 결과를 초래할 수 있다. 또는 본질적인 문제는 따로 있는데 그다지 중요하지 않은 부분에 과도하게 집중하는 어리석음을 범할 수도 있다.

예를 들어 무한도전 팀의 수행 과제는 '계산대에서의 고객만족도 향상'이지만 계산대에 제출하는 쿠폰, 할인 혜택, 결제 방법, 배송 등과의 연계성을 파악하려면 마트 내 쇼핑 활동과 집에서부터의 쇼핑 동선을 전체적으로 파악해볼 필요가 있는 것이다.

'사용자 여정지도'는 사용자 경험의 흐름을 전체적으로 파악하고 이해하기 위해 활용하는 방법이다. 단순히 상품 구매나 서비스 이용 순간만을 중요시해서는 사용자 만족도를 높일 수 없다. 기저귀를 구매하는 경우를 예로 들어보자. 구매하기 전부터 구매하고 난 후까지 기저귀 구매에 영향을 주는 과정과 요소들은 엄청나게 많다. 가령 이런 것들이다.

포털 사이트에서 기저귀 추천 정보를 탐색하고, 주변 지인들에게 메신저로 사용 후기를 물어보고, 할인받을 수 있는 쿠폰이 있는지 쿠폰 앱을 검색해보고, 마트에 방문하여 판촉사원에게 문의해보고, 사은품은 없는지 확인해보고, 샘플 제품을 받아서 살펴보거나 시간이 허락할 경우 집으로 가져가서 사용해보고, 카드 결제 혜택은 어떤 것이 좋은지 알아보고, 계산대에서 결제할 때 스마트폰과 종이쿠폰을 제시하여 받을 수 있는 혜택을 챙긴다. 결제 후 영수증을 챙기고, 구매 후에는 지인에게 추천하거나 커뮤니티 사이트에 후기를 올리고, 구매 이력에 기반을 둔 이벤트 프로모션 메시지를 수신한다. 이처럼 수많은 활동들이 사용자 여정지도 상에 나타날 수 있는 것이다.

이 중 어느 한 과정에서라도 사용자(고객)의 기대와 어긋나거나 불편·불만이 생긴다면 사용자는 다른 제품(서비스)으로 이탈해버릴 것이다. 비즈니스 영역이라면 이는 시장에서의 실패를 의미하는 것이고, 공공(교육) 영역이라면 사용자의 불만으로 나타나는 것이다.

사용자 여정지도는 사용자의 전체적인 서비스(제품) 이용 경험을 파악하여 만족도 높은 사용자 경험을 제공하기 위한 분석 방법이다. 비단 분석의 용도로만 사용되는 것이 아니고 사용자 조사 설계를 위한 사전 틀을 잡는 등 여러 용도로 활용할 수 있다. 서비스나 제품의 이용 단계, 시간에 따른 순서, 행동이나 생각의 흐름 등에 따라 사용자 여정지도를 그려볼 수 있을 것이다.

사용자 여정지도를 작성하는 방법은 다음과 같다.

1 사용자가 서비스 또는 상품을 이용하는 경험의 흐름을 시작부터 마지막 단계까지 순서대로 A4 용지에 나열한다.
  ― 개별 행동으로서 의미가 있거나 의미있는 행동들을 분류할 수 있다면 그 내용들을 단계로 적을 수 있다. (예 : 인지 → 탐색 → 비교 → 구매 → 공유)
  ― 행동뿐 아니라 시간의 흐름에 따라 단계를 나누어 적을 수도 있다.
  (예 : 방문 前 → 방문 中 → 방문 後)
  ― 첫 단계부터 마지막 단계까지를 큰 종이(A4 용지)에 적어서 칠판이나 벽의 상단에 왼쪽에서 오른쪽 방향으로 붙인다.

2 각 단계 아래 부분에 해당 단계에서 발생한 조사 내용들을 포스트잇에 적어 붙인다.
  ― 조사 내용을 사용자의 행동, 생각, 느낌, 고통점, 기대사항, 활용 도구 등 다양한 기준에 맞게 적어 붙인다.
  ― 기준에 따라 포스트잇 색깔을 다르게 붙이는 것도 효율적인 분석에 도움이 된다.

3 포스트잇에 적힌 내용들을 기반으로 팀원들과 토의를 나누면서 인사이트를 도출한다.

— 사용자의 고통점이 강한 지점이 나타난다면 그 지점은 사용자 불만이나 이탈 가능성이 높은 곳이다.

— 사용자가 행동 단계(예 : 인지 → 탐색 → 비교 → 구매 → 공유)를 넘어가는데 장애가 되는 요소를 찾는다.

— 사용자가 행동 단계에서 얻고자(하고자) 하는 기대 요소들을 찾는다.

— 사용자, 서비스, 제품 간의 상호작용이 일어나는 지점들을 파악한다. 이 부분을 '터치포인트Touch Point'라 부르는데 서비스나 제품을 설계할 때 가장 중요하게 다루어야 하는 부분이다.

4 사용자 여정지도를 통해 전체에서 얻을 수 있는 인사이트를 도출한다.

— 각 행동(또는 행동그룹) 안에서 도출되는 인사이트 못지않게 전체 여정지도 차원에서 인사이트를 찾아내는 것이 중요하다.

— 가령 전체 경험의 흐름 중 매우 중요시되는 지점(터치포인트)에서 사용자의 불만 요소가 있거나 관리가 안 되고 있음이 파악될 수도 있다. 또는 반드시 있어야 하는 행동(행동그룹, 이벤트)이 생략되어 있거나 매끄럽지 못해 단절되는 경험이 드러날 수도 있다.

— 자연스러운 흐름도 중요하지만, 사용자 여정지도의 마지막 단계가 앞부분의 경험으로 잘 이어지는지를 파악해보면 소비자 재방문, 상품 재구매, 서비스 재이용 등의 선순환이 이루어지는지를 파악해볼 수도 있다.

다음 페이지에 있는 〈무한도전 팀의 사용자 여정지도〉를 살펴보자. 무한도전 팀은 사용자 여정지도를 통해 다음과 같은 인사이트를 도출해냈다.

— 계산대에서 사용할 결제 수단을 마트 방문 전부터 챙겨야 한다(쿠폰, 멤버십카드, 할인정보).

— 고객이 마트 내 동선에서 획득하는 결제 관련 혜택과 정보는 고객이 직접 챙기지 않더라도 계산대까지 자연스럽게 연결되어야 한다.

— 개별 고객의 구매량을 고려하지 않은 계산대 진입 방식은 소량 구매 고객의 불만 요인이 된다.

— 고객이 놓친 혜택이라도 계산대에서 바로 불러올 수 있어야 한다.

— 카트에 물건을 넣고 빼는 과정이 반복되는 게 너무 귀찮다.

— 계산할 때 가격표가 부착되지 않거나 가격 인식이 잘 안 되는 상품(무게를 재는 채소 등)의 경우 매대 점원에게 무전으로 물어보는 시간이 추가로 소요된다.

☆ 무한도전 팀의 사용자 여정지도 ☆

쇼핑 전	쇼핑 중

구매목록 작성

혜택 사전 탐색

매장 내 제품 비교

쇼핑 직전 필요 물품이 생각나는 대로 포스트잇에 적어 냉장고에 붙여둔다.

주말에 가서 살 것들을 달력에 적어둔다.

물건이 떨어질 때마다 스마트폰 메모장에 적어둔다.

바쁘다 보면 적어둔 메모장이나 포스트잇은 까먹고 안 보게 된다.

카테고리 정도만 정하고 구체적인 브랜드는 마트에 가서 정한다.

그때그때 필요한 물품들은 머리속에 기억하고 있다.

적어놓은 제품을 반드시 구입하지는 않는다.

마트 앱에 들어가서 할인정보를 찾아본다.

꼭 챙겨야 할 혜택을 놓치고 싶지 않다.

마트 쿠폰을 오려서 지갑에 챙겨간다.

내가 노력한 만큼 혜택을 크게 누릴 수 있다고 믿는다.

친구에게 카톡으로 할인정보를 물어본다.

내가 직접 챙기다 놓치는 혜택이 간간히 발생하다 보니 스트레스가 된다.

SMS로 날라온 할인 정보를 찾아본다.

방문 시 사용할 신용카드와 멤버십 카드를 따로 챙긴다.

모바일 전단지를 대략 훑어본다.

마트 들어갈 때 전단지 할인 상품을 먼저 찾아본다.

판촉사원과 이야기를 하다 보면 혜택을 추가로 받을 수 있다(사은품).

판촉사원의 말은 항상 믿음이 간다.

쇼핑 후

매장 내
제품 비교

결제 · 포장

배송 · 수령

쿠폰을 적용하면
최종 가격이 얼
마가 될지 가늠
하기 어렵다.

결제할 때 누릴
수 있는 혜택을
미리 알기 어렵다.

판촉사원의
강권 때문에
생각하지 않았
던 품목까지
구입하게 된다.

스마트폰 멤버
십 어플을 열어
계산원에게 보
여준다.

주민번호를 입력
하는 것이 귀찮
기도 하고 남들
이 볼까 걱정되
기도 한다.

통로가 좁아서
계산대 사이에
카트를 밀고
가면 사람이
다니기 어렵다.

스마트폰 종이
쿠폰, 신용카드를
따로따로
제시하기가
귀찮고 불편하다.

가장 저렴한
제품이 어떤 것
인지 완벽하게
파악하지 못해
계산하고 나서
후회하는 경우가
있다.

스마트폰 어플
로딩 시간이 많
이 걸려서 주변
사람들에게
미안하다.

소량 계산대가
하나밖에 없어
서 어쩔 수 없이
대량 계산대에
서 계산한다.

점원이 처리를
잘못해서 시간이
소요되는 경우가
많다(신입 직원인
것 같음).

배송된 제품이
파손되어 있으면
반품하는 게
너무 귀찮다.

내가 원하는
시간에 배송받기
위해 배송 시간
이 더 자주 있으
면 좋겠다.

무료배송을 받기
위해 일부러 한두
개 더 사려고
다시 쇼핑한다.

배송비를 주고서
라도 배송받고
싶은데 소량은
그런 서비스가
없다.

배송비를 계산할
때 한꺼번에
결제할 수 있으
면 좋겠다(마일리
지 사용 등).

옆집과 한꺼번
에 배송받으면
배송비를 할인해
주면 좋겠다.

문 앞에 두고
가면 남들이
가져갈까 봐
걱정된다.

페르소나 정의란 무엇인가

사용자 조사를 통해 수많은 데이터들을 수집하여 분석하다 보면 다음과 같은 궁금증이 생길 수 있다.

"우리 서비스(제품)는 어떤 고객에 집중해야 하지?"
"모든 사람을 겨냥해서 서비스(제품)을 만들기에는 각각의 행동들이 너무 다양하고 기대들도 달라서 집중하기 어려워."
"그런데 집중해야 할 고객은 도대체 어떤 사람인 거야?"

이러한 경우 사용자 조사를 통해 얻은 데이터와 분석한 인사이트들을 기반으로 페르소나^{persona}를 정의해볼 수 있다. 경우에 따라 한 개의 대표 페르소나로 정의될 수도 있고, 2~4개의 페르소나가 정의되기도 한다. 웹스터 사전에 의하면 페르소나란 특정인을 다른 사람들이 그 사람이라고 인식할 수 있도록 하는 그 사람만의 행동과 말하는 방식을 말한다. 위키피디아에 의하면 페르소나란 그리스의 고대극에서 배우들이 쓰던 가면을 일컫던 용어로서 심리학에서는 타인에게 미치는 특정인의 외적 성격을 나타낸다. 디자인씽킹에서 쓰이는 전문 용어로서의 페르소나는 제품이나 서비스의 사용자 유형을 대표하기 위해 가상으로 설계한 유형화된 인물이라 할 수 있다. 성별, 나이, 가족관계, 직업, 소득수준, 취미 등 인구통계학적 특징뿐 아니라 행동, 성격, 사고방식, 가치관, 관심사, 니즈, 목표 등 가상의 인물을 대표하여 유형화할 수 있는 특징들을 포함하여 정리한다.

페르소나의 중요한 역할 중 하나는 프로젝트 팀원분만 아니라 프로젝트 내용을 보고받을 임원, 스폰서 또는 프로젝트를 의뢰한 사람[Client], 협업을 진행할 마케팅·개발 담당자 등과의 명확한 커뮤니케이션을 돕는 것이다. 즉 프로젝트를 통해 만들어갈 서비스나 제품의 사용자가 누구인지를 이해관계자들이 공통적으로 떠올릴 수 있도록 돕는다. 이렇게 되면 이후 프로젝트 진행 과정에서 분석을 지속해가거나 서비스(제품) 콘셉트의 방향에 대한 논의를 할 때 이해관계자들 간에 쉽고 명확한 공감을 이끌어낼 수 있다.

정의된 페르소나는 각 페르소나별로 추가적인 분석과 아이디어 도출을 따로 진행할 수도 있고, 여러 페르소나 중 문제해결에 집중할 페르소나를 한두 개 선정하여 추가 분석과 아이디어 도출의 방향을 잡아갈 수도 있다. 페르소나 정의 과정을 거치지 않더라도 대표성 있는 고객에 대한 분석 과정을 통해 고객의 행동 특성과 기대사항들을 정리해나갈 수도 있다. 이 경우 사실 페르소나라고 부르지만 않았을 뿐 유형화된 인물을 통해 필요한 내용들을 정리하는 작업을 진행한다고 볼 수 있다.

무한도전 팀의 '계산대에서의 고객만족도 향상' 프로젝트에서는 별도의 페르소나 정의 과정은 다루지 않고 사용자 조사 결과에서 얻은 내용을 분석하는 과정에서 대표 사용자의 행동 특성과 기대사항들을 정리하고자 한다.

페르소나를 정의하는 방법

4가지 유형의 페르소나를 정의하는 방법을 간략히 살펴보면 다음과 같다. 사용자 조사 결과를 분석해 사용자에게 가장 중요하거나 흥미롭게 드러나는 두 개의 요소를 뽑는다. 가령 이런 것들이 될 수 있다.

"사용자가 기능적인 측면을 중요시하느냐, 감성적인 측면을 중요시하느냐."
"어떤 작업을 함께하는 과정을 선호하느냐, 혼자하는 과정을 선호하느냐."
"시간 여유를 추구하느냐, 빠르게 처리하는 것을 추구하느냐."

사용자 조사 내용을 분석하다 보면 이러한 여러 요소들이 눈에 들어올 수 있으니 깊이 있는 논의를 통해 추출하도록 하자.

이 요소들을 가지고 가로세로 2 x 2 매트릭스를 만든다. 사용자 조사 내용을 분석한 결과를 토대로 각 사분면에 인터뷰한 사용자들을 4가지 유형으로 분류한다. 각 사분면의 페르소나는 사용자들로부터 수집된 전체 데이터들을 놓고 봤을 때 두 개의 요소들에 기반을 두어 재조합해 만들어낸 가상의 인물이다. 4개의 서로 다른 페르소나를 만들고 각 페르소나의 이름을 만들어 붙인다. 김철수, 박태희 등 실제 이름을 지을 수도 있고, Benefit Nomad(혜택을 찾아 여기저기 떠돌아다니는 유목민), Lazy Point Collector(직접 챙기는 건 귀찮지만 포인트는 놓치지 않고자 하는 수집가) 등 해당 페르소나의 특징을 대변하여 이름을 지을 수도 있다.

각 페르소나마다 인구통계학적 특성(나이, 성별, 직업, 가족관계 등), 주요 행동, 상품·서비스 경험, 라이프스타일, 성격, 제품·서비스를 대하는 태도, 기대 욕구, 사용하는 기기나 장비, 추가적인 설명 등을 정리한다.

각 페르소나를 대표하거나 연상할 만한 사진을 함께 붙이면 페르소나를 이해하는 데 도움이 된다. 각 유형은 인구통계, 심리, 행동 등의 측면을 고려했을 때 서로 독립적으로 정리될 수 있다.

STEP #6

핵심 질문을 찾아라

— 디자인 코어 찾기 —

앞 단계에서 무한도전 팀은 친화도법, 공감지도, 사용자 여정지도와 같은 분석 도구를 활용하여 마트 사용자들의 경험 속에 숨겨져 있는 불편이나 불만, 채워지지 않은 욕구 등을 찾아냈다. 그리고 마트 계산대를 이용하는 과정에서 사용자에게 의미있는 인사이트들을 도출해냈다. 문제정의 단계의 이러한 결과물들은 계산대에서 사용자(고객, 계산원)가 앞으로 경험하게 될 경험(또는 프로세스)에 반드시 구현해야 할 요소들이다.

다음 작업은 문제정의 단계에서 도출된 사용자 인사이트(주로 미충족 요구사항들이며 고통점이나 터치포인트들도 포함할 수 있다.)를 몇 가지 공통 특성에 따라 그룹으로 묶어보거나 우선순위를 정하는 일이다. 사용자 인사이트 중에서 가장 핵심이 되는 요소를 도출해내기 위해서이다. 이때 인사이트들이 사용자의 전체 경험 중 어느 단계에 해당되는지도 함께 살펴보아야 한다.

분석을 통해 찾아낸 인사이트는 모두 고려하거나 구현해야 할 요소들이지만, 그중 사용자가 마트 계산대를 이용하는 데 있어서 가장 핵심적인 요소, 즉 이 요소를 지원(해결)해주면 사용자가 궁극적으로 기대하는 가치를 제공해줄 수 있다고 판단되는 핵심 니즈를 도출해서 다음 단계인 아이디어 도출 단계에서 그 해결책을 찾아낼 수 있도록 해야 한다.

사용자 니즈들을 특성이나 속성별로 분류하거나 사용자 여정지도 상에 배열해보면 '사용자 욕구가 강한 지점의 니즈' 또는 '사용자에게 만족도 높은 경험을 제공하려면 반드시 이것은 구현되어야 한다'는 내용들을 정리할 수 있다. 이것을 '디자인 코어 Design Core'라고 한다.

디자인 코어는 제품이나 서비스를 혁신하는 데 가장 핵심이 되면서 반드시 지키거나 구현해야 할 핵심 요소라고 할 수 있다. 디자인 코어는 다음 단계인 아이디어 도출의 출발점이 되기도 한다. 무엇에 대해 아이디어 도출을 할 것인지를 결정짓는 재료라고 할 수 있다. 아이디어 도출 단계에서 활용하기 위해 다음과 같이 HMW How Might We 질문의 형태로 재정리하는 것이 좋다.

✚ **디자인 코어의 HMW 질문 정리의 예** ✚

"계산대에서 고객이 기다리면서 시간 낭비했다는 느낌이 들지 않도록 해야 한다."

→ 어떻게 하면 고객들이 계산대에서 기다리면서 시간을 낭비했다는 느낌이 들지 않게 할까?

"구매한 상품이 정시에 배송되지 않을 수도 있다는 불안감을 없애줘야 한다."

→ 어떻게 하면 소비자가 자신이 구매한 상품이 정시에 배송되지 않을까 봐 걱정하지 않을 수 있을까?

앞서 몇 가지 분석 방법을 통해 도출한 인사이트를 종합해서 정리한 결과, 무한도전 팀은 '계산대에서의 만족도 향상'을 위해 집중할 필요가 있는 부분을 다음과 같이 정리했다.

✛ 핵심 인사이트 ✛

1. 계산대에서 사용자(고객)들은 자신들이 받을 수 있는 혜택을 놓치지 않기 위해 이것저것(카드, 멤버십, 쿠폰 등)을 일일이 챙겨야 한다. 혹시 실수를 하거나 잊어버리면 그 혜택을 누리지 못하게 된다.
2. 카트는 물건을 담아 옮기는 편리한 도구이지만, 계산을 하고 포장을 하는 과정에서 물건을 넣고 빼는 과정이 반복되다 보니 사용자(고객)는 이 과정을 번거로워한다.

위와 같은 핵심 인사이트에 기반을 두어 무한도전 팀은 두 가지의 중요한 디자인 코어를 최종 정리했다. 이는 앞서 시도해본 3가지 분석 방법에서 공통적으로 나타난 사용자 고통점이면서 사용자들의 기대가 강하게 표현되어 나타난 사항들이었다. 과제에 따라 디자인 코어는 한 개가 나올 수도 있고, 몇 개가 나올 수도 있다. 이것을 앞에서 설명한 HMW 질문으로 만들어서 다음 단계인 아이디어 도출과 콘셉트 개발 작업을 준비하도록 하자.

✛ 무한도전 팀이 도출해낸 디자인 코어 (HMW 질문) ✛

1. 어떻게 하면 계산대에서 고객이 직접 챙기지 않더라도 자신이 받을 수 있는 혜택을 놓치지 않게 할 수 있을까?
2. 어떻게 하면 고객이 카트에 실었던 물건을 계산대에 올리고 내리는 번거로움 없이 쇼핑하게 할 수 있을까?

지금까지의 내용을 간략히 요약해보자.

— 무한도전 팀은 고객공감을 통해 분석한 사용자 인사이트를 종합해서
정리했다.
— 무한도전 팀은 '어떻게 하면 「디자인 코어」의 내용을 해결해줄 수 있을
까?'라는 고민을 핵심 주제로 하기로 최종 결정했다.
— 무한도전 팀은 디자인 코어를 다음 단계인 아이디어 도출을 위한 질문
으로 활용하기로 했다.

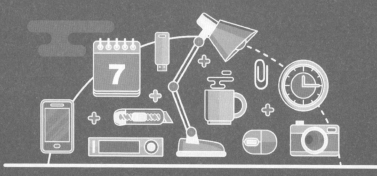

아이디어 도출과 콘셉트 개발 단계

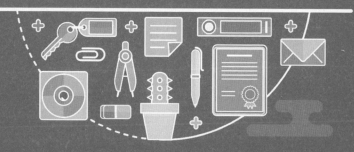

5부

잠들어 있는
아이디어 깨우기

"지금까지 무한도전 팀은 사용자의 말과 생각들과 행동에서 사용자가 해결하고자 하는 핵심적인 문제가 무엇인지, 만족스러운 서비스 경험을 위해 궁극적으로 기대하는 것이 무엇인지 찾는 과정을 거쳤다. 이 정도면 사실 디자인씽킹 프로세스에서 절반은 지나온 셈이다. 이제부터 그 문제에 대한 해결방안을 찾아볼 것이다.

고객공감 과정은 실제 현장에 나가 사용자를 만나서 진행하는 다이나믹한 과정이었다. 문제정의 과정은 사용자의 행동, 이야기 이면에 숨겨진 미충족 요구사항을 찾기 위해 팀원들과 열띤 토론과 깊이 있는 분석을 진행하는 나름 힘들면서도, 사용자의 진짜 문제를 찾아냈다는 뿌듯함과 보람을 느낄 수 있는 과정이었다.

지금부터 진행할 '아이디어 도출' 과정은 디자인씽킹 전체 과정 중에서 제일 재미있고 다이나믹한 과정이 될 것이다. 지금까지의 과정이 땀 흘리며 열심히 산 정상을 오르는 여정이었다면, 이제부터는 시원한 바람을 쐬면서 내리막길을 즐기는 시간들이랄까? 사무실이나 강의실에서 흔히 접하지 못했던 방법론, 환경, 분위기가 연출될 것이다.

디자인씽킹에서 아주 중요한 두 가지 핵심요소를 꼽자면, 하나는 '고객공감을 통한 진짜 문제정의'이고, 또 하나는 창의적 해결방안, 즉 '아이디어 도출'이다. 이처럼 중요한 과정을 이왕이면 재미있고 활기찬 분위기에서 진행함으로써 보석처럼 빛나는 아이디어들을 무수히 만들어내기를 기대해본다.

무한도전 팀은 아이디어 도출 과정에 진입하기 전에 공정한 전무를 다시 찾아갔다. 멋진 아이디어를 잘 내는 노하우가 있을 것 같아서였다. 공정한 전무는 역시나 기대를 져버리지 않았다. 무한도전 팀이 창의적이고 멋진 아이디어를 낼 수 있도록 다음과 같은 조언을 해주었다.

"과제를 수행하느라 고생이 많군요. 힘들 때도 있겠지만 과정 하나하나가 의미 있고 중요한 활동들이니 끝까지 잘해주시길 바랍니다. 사실 고객의 문제를 찾아냈다 하더라도 해결방안이 미약하거나 탄탄하지 않으면 그 욕구를 충족시킬 수 없고 더 나은 경험을 제공하지도 못합니다. 그만큼 아이디어 도출 과정은 매우 중요하죠. 아이디어 도출 단계에서 유념해야 할 것들은 무엇이 있을까요? 3가지만 말씀드리겠습니다.

첫 번째는 아이디어를 도출하기 위한 방법론Method입니다.

'아이디어를 내보세요.'라고 해본들 좋은 아이디어가 나오는 게 아닙니다. 사실 아이디어를 낸다는 것은 생각만큼 쉽지 않습니다. 하지만 아이디어를 잘 내기 위한 방법을 활용한다면 훨씬 더 멋지고 창의적인 아이디어를 도출할 수 있지요. 명목집단법, 아이디어 릴레이, 스캠퍼 등 이미 잘 알려진 여러 방법들이 있으니 실제로 활용해보면서 멋진 아이디어를 만들어보시기 바랍니다.

두 번째는 아이디어 도출을 위한 환경Environment입니다.

사무실이나 회의실에서 회의하는 모습을 상상해보십시오. 다음으로 복도나 카페에서 모여 차도 마시고 음악도 들으면서 하는 회의를 상상해보십시오. 둘 중 어떤 상황에서 창의적이고 멋진 아이디어가 나올까요? 굳이 설명하지 않아도 아실 겁니다. 자연스럽고 유연한 환경은 상상력을 자극합니다. 불필요한 형식에 너무 얽매이지 마십시오.

세 번째는 아이디어 참여자들의 자세Attitude입니다.

사실 3가지 요소 중 가장 중요하다고 할 수 있습니다. 우리는 자칫 타인의 아이디어를 비난하거나 비판하는 실수를 범합니다. 왜냐하면 우리의 경험이나 생각을 대입해보기 때문입니다. 하지만 아이디어는 궁극적으로 고객으로부터 평가받는 것입니다. 그러므로 비난과 비판보다는 덧붙이기를 해나간다는 자세로 서로의 아이디어에 살을 붙이고 탄탄하게 해보십시오. 혹시 '내 아이디어가 남들에게 우습게 보이면 어떡하지?'라며 걱정할 필요 없습니다. 디자인씽킹에서 협업의 중요성이 바로 여기에 있으니까요. 아이디어의 첫 단추만 제시하더라도 함께하는 팀원들이 거기에 의견을 더하고 생각을 덧붙여 완성해가는 것이 바로 디자인씽킹의 묘미이자 장점입니다.

자! 그럼 지금 들려드린 3가지를 유념하면서 팀원들과 함께 멋진 아이디어를 내보시기 바랍니다. 무한도전 팀, 파이팅!"

아이디어 도출 단계에서는 공정한 전무의 조언처럼 유용한 여러 방법론을 활용하여 고정관념을 깨고 창의적인 아이디어를 많이 만들어내는 것이 중요하다. 하지만 이러한 과정을 통해 도출해낸 아이디어들은 기발함과 창의성은 있을지 몰라도 정제되지 않아 완성도가 부족한 상태이다. 아이디어의 내용을 수정하고 보완하여 완결성을 더해가는 작업이 필요한 것이다. 이를 '콘셉트 개발'이라고 한다.

콘셉트 개발은 도출해낸 아이디어들 중에서 고객의 문제해결에 가장 적합한 핵심 아이디어를 정하고, 여러 아이디어의 장점과 기능들을 접목해서 최적의 콘셉트로 만들어내는 작업이다. 이때 실제 사용자가 활용할 수 있는 모습으로 구체화해보되, 필요한 기능이나 기술, 리소스 등도 고려해야 한다. 또한 이 콘셉트를 통해 어떤 결과물이 만들어지는지, 그것이 제대로 만들어지는지도 간과해서는 안 된다. 즉 사용자(고객)에게 충분한 가치를 제공한다는 확신이 들어야 하며, 비즈니스 콘셉트로서 완성도가 있는지를 탄탄히 검증할 수 있어야 한다.

공정한 전무의 값진 조언, 그리고 곧 눈앞에 등장할 것만 같은 멋진 콘셉트에 대한 설렘을 안고서 무한도전 팀은 아이디어 작업으로 힘차게 뛰어들었다.

STEP #7
내 치즈는 어디에 있을까

― 아이디어 도출하기 ―

참신한 아이디어를 얻기 위한 방법은 무수히 많다. 하지만 우리가 주로 사용하는 노하우를 소개하자면 다음과 같다.

첫째, 최적의 참가자를 참여시킨다.

둘째, 적합한 아이디어를 도출하기 위한 좋은 질문을 준비한다.

셋째, 자유롭고 창의적인 토론이 가능하도록 참가자 모두가 적당한 규칙을 지키도록 한다.

넷째, 참가자들의 아이디어를 자극할 수 있는 기법과 도구를 활용한다.

최적의 참가자를 참여시키기

아이디어 회의에 적합한 인원은 6명에서 최대 12명이지만, 이 정도 인원만 되어도 일부 시간을 할애해 더 작은 집단으로 나눠서 진행할 필요가 있다.

여러 직군으로 팀을 구성하는 것도 아이디어 회의를 성공시키는 요소가 되기 때문이다. 여기서 좀 더 나아가보자.

— 외부인을 아이디어 회의에 잠깐이라도 초대해보면 어떨까?
— 고객을 초청한다면?
— 또 공성한 시각에서 볼 수 있는 제3자는 어떨까?

무한도전 팀은 아이디어 회의에 참여시킬 최적의 참가자에 대해 논의를 진행했다. 그 결과 고객이나 외부 전문가 등 다른 사람들을 참여시키는 일은 현실적으로 매우 어렵고, 무한도전 팀원들 자체가 매장관리, 마케팅, 구매 등 다양한 부서에서 차출된 직원들이었으므로 일단은 자체적으로 진행해보고, 필요할 경우 30명으로 구성된 혁신 TFT의 다른 팀 구성원들에게 협조를 구하자는 결론에 도달했다.

좋은 질문 준비하기

아이디어 회의의 성패를 가르는 특성 중 단 하나만을 고르라고 한다면 '참가자로부터 새로운 아이디어를 끌어낼 때 던지는 질문'이라고 할 수 있다. 우리는 이를 '핵심 질문^{Core Question}'이라고 부른다.

좋은 핵심 질문은 독창적인 생각이나 뜬구름 잡는 도전을 말하게 하지 않는다. 이슈의 범위를 정하고 특정 측면에 관심을 집중할 수 있게 한다. 성공적인 아이디어 도출을 위해서는 이런 핵심 질문이 다양하게 있어야 한다.

다음은 효과적인 핵심 질문을 개발하기 위한 몇 가지 요령이다.[11]

✚ 촉매제가 될 만한 인용구나 스토리 활용하기

예를 들어 온라인 주문에 대한 최종 도착지의 문제를 해결하고자 할 때 다음과 같은 스토리를 활용하는 것이다.

"배달기사가 포장이 비에 젖지 않게 하려고 물품을 그릴 후드 안에 넣고 간 적이 있다는 고객이 있었다. 당시 고객은 배달기사가 물건을 평소와 다른 위치에 두었다고 적어둔 메모를 보지 못했고, 그렇게 일주일이 지난 뒤 그릴에 불을 붙였다고 한다. 결국 그릴 뚜껑을 열었을 때에야 비로소 새로 산 등산화가 바싹 잘 구워졌음을 알게 되었다."

이런 스토리를 말해준 다음 "최종 도착지 문제를 해결하려면 어떻게 하는 것이 좋을까?"라는 핵심 질문을 던진다면 참가자들의 생각을 촉진할 수 있다.

이 요령을 무한도전 팀에 적용한다면, 문제정의 과정의 마지막 단계에서 도출한 핵심 질문인 "어떻게 하면 계산대에서 고객이 직접 챙기지 않더라도 자신이 받을 수 있는 혜택을 놓치지 않게 할 수 있을까?"라는 질문을 던지기 전에, 또는 던지고 난 직후에 이와 관련한 실제 에피소드 한 가지를 참가들에게 이야기해주는 것이다. 가령 이런 식으로….

"어느 매장의 계산원인 김 아무개 씨가 직접 경험한 사례인데 까칠한 고객 한 사람이 자신이 받을 혜택에 대해 꼬치꼬치 캐묻는 바람에…"

✚ 극단적인 지점 탐구하기

극단적인 시나리오는 종종 새로운 생각을 촉발시킨다. 예를 들어 코닥이 1996년으로 돌아가서 "시장의 90%가 디지털 사진으로 옮겨간다면 우리는 어떤 상품을 제공해야 하지?"와 같은 핵심 질문을 심각하게 고민했다면 오늘날 코닥의 위치는 분명 달랐을 것이다. 의료 서비스업에 종사하는 사람이라면 이런 질문도 가능하다.

"건강해진 결과에 따라 서비스 가격을 매긴다면 어떨까?"

이 요령을 무한도전 팀에 적용해보면 "한국말이 매우 서툰 외국인 근로자가 자신이 받을 혜택에 대해 분명하지 않은 영어로 꼬치꼬치 묻는다면 계산원은 어떻게 대응해야 할까?" 또는 "몸이 불편하신 어르신 10여 명이 차례로 자신이 구입한 물건들을 카트에서 계산대로 올리고 다시 계산대에서 카트로 옮겨 싣는 상황이 전개된다면 우리는 어떻게 대응해야 할까?" 등의 질문을 던져볼 수 있을 것이다.

✚ 주체와 역할 바꿔보기

성공적인 혁신 사례들을 보면, 대개 가치사슬 상에서 핵심 역할을 바꿔보려는 시도가 있었음을 알게 된다. 예를 들어 이베이는 별도의 물류 시스템을 만드는 대신 판매자들이 직접 재고를 관리하고 배송하게 하는 데 성공했다. 이케아는 고객에게 가구를 조립하도록 했다. 온라인뱅킹은 고객을 은행창구 직원으로 만들었다. 역할 이동의 가능성을 탐구하려면 이런 식의 핵심 질문을 던질 수 있어야 한다.

"어떻게 하면 ○○라는 어려운 일을 다른 사람이 하게 할 수 있을까?"

이 요령을 무한도전 팀의 과제에 적용해보자. 예를 들어 무한도전 팀은 "어떻게 하면 고객이 스스로 챙겨야만 하는 혜택의 확인과 처리를 다른 사람(회사, 기관 등)이 하게 할 수 있을까?"라고 질문을 던질 수 있을 것이다.

규칙 정하기

일반적으로 아이디어 회의를 할 때 지켜야 할 규칙으로 다음의 4가지가 알려져 있다.

— **비판금지** 상대방이 제안한 아이디어에 대하여 비판을 하게 되면 자신의 의견이나 생각을 자유롭게 제시할 수 없다. 따라서 상대방의 제안을 절대로 비판해서는 안 된다.

— **자유분방** 자유롭고 부드러운 분위기가 조성되어야만 창의적인 아이디어가 나온다.

— **질보다 양 추구** "기발하고 창의적인 아이디어 좀 내보세요."라고 하면 '내가 낸 아이디어가 좋은 평가를 받지 못하면 어떡하나' 하고 아이디어를 제시하지 않을 수 있으므로 일단은 가능한 한 많은 양의 아이디어를 도출하고 아이디어의 좋고 나쁨은 평가 단계에서 판단한다.

— **타인 모방** 모방은 창조의 어머니라는 말이 있듯 다른 사람의 아이디어에 편승하면 좋은 아이디어를 효과적으로 도출할 수 있다.

디자인씽킹 방법론으로 아이디어 회의를 하는 경우, 자유롭게 이야기하는 방식의 브레인스토밍이라면 다음과 같은 규칙을 미리 정해둘 수 있다.[12]

— 한 번에 한 사람만 말하기
— 장황한 발언 금지(아이디어 한 개당 30초 이상 말하지 않기)

— 작업한 내용 보여주기

— 즉각적인 비판 보류하기(평가 시간은 나중에 따로 한다.)

— 다른 사람의 아이디어에 편승하기

— 재미있게!

무한도전 팀은 앞으로 진행하게 될 아이디어 회의 때마다 참가자들이 지킬 규칙과 위반 시의 벌칙(또는 각 규칙의 '준수 촉진 방법')을 다음과 같이 정했다.

☆ 무한도전 팀의 브레인스토밍 규칙과 준수 촉진 방법 ☆

규칙	준수 촉진 방법
간단한 게임으로 몸 풀기(3분 이내)	팀원이 돌아가며 게임 진행하기
비판적인 말과 표정 금지	발견 시 아무나 즉각 지적하고 농담 주고받기
개인당 발언시간 2분 이내	2분짜리 모래시계 사용
NGT(Nominal Group Technique : 명목집단법) 자주 쓰기	NGT 사용이 더 좋다고 판단한 팀원이 제안하고 이유 설명하기
그림이나 이미지 적극 활용하기	필요한 경우 이 과장(그림이 특기임)이 제안하고 솔선수범하기
끝나기 전에 성찰하기(5분 이내)	성찰지킴이(김 차장)의 지시에 잘 따르기

다양한 기법과 도구 활용하기

수많은 기법과 도구 중에서 모든 참가자가 활발하게 참여하여 보다 창의적인 아이디어를 짧은 시간에 도출하기 위해 사용할 수 있는 것들을 엄선하자면, 우리의 오랜 경험으로 볼 때 다음의 5가지로 압축할 수 있다. 이 기법들을 하나하나 살펴보기로 하자.

✚ 명목집단법

명목집단법^{NGT: Nominal Group Technique} 이란 1부에서 무한도전 팀이 기본 규칙을 만들 때 잠깐 설명했다. 토론 시작 전에 각자가 다른 사람과 이야기하지 않고 — 침묵 속에서 — 주어진 세부 토의 주제에 대한 자신의 생각을 노트, 카드, 또는 포스트잇 등에 정리할 수 있도록 일정한 시간을 부여하는 방법을 말한다. 이 방법을 명목집단법이라 부르는 이유는 다른 사람과 이야기하지 않고 각자 작업하는 시간 동안 명목상으로는 집단이지만 실제로는 개인적으로 작업하고 있음을 강조하기 위해서이다.

명목집단법은 정제된 단어와 문장을 사용하게 되므로 토론시간이 절약되고, 모든 구성원이 적극적으로 참여하게 되며, 참가자들이 타인의 의견을 보다 잘 집중해서 경청하는 효과가 있다.

창조적 리더십 센터^{The Center for Creative Leadership}의 공동 설립자인 스탠 그리스키비치^{Stan Gryskiewicz}는 명목집단법을 자신만의 방법으로 응용하여 '블루카드'

라는 기법을 브레인스토밍에 사용했던 것으로 알려져 있다.[13]

그룹 구성원 모두에게 핵심 질문을 던진 뒤, 각 구성원별로 서로 상의하지 않고 최소 3가지 아이디어를 파란색 카드에 적어보게 하는 활동이다. 카드 한 장에 한 개의 아이디어를 적게 한다. 한 질문당 3분씩의 시간이 주어지며, 다 끝난 뒤 각 카드는 다른 사람들이 볼 수 있도록 벽에 붙여서 공유한다.

명목집단법이나 블루카드 기법을 쓰면 목소리 큰 외향적인 소수가 그룹 전체를 지배하는 것이 불가능해진다. 또한 모든 구성원이 브레인스토밍 전 과정에 자연스럽고 편안하게 참여하게 된다. 이런 방법이 말로만 진행하는 브레인스토밍보다 ― 중복되는 것들을 제외하고도 ― 독특한 아이디어가 3배나 더 많이 나온다는 사실은 이미 여러 연구결과에 의해 입증되었다.[14]

➕ 메아리 라운드

메아리 라운드Echo Round란 명목집단법 또는 블루카드 기법을 써서 참가자들의 아이디어를 한 차례 끄집어 낸 뒤, 그 아이디어들을 포스트잇 또는 블루카드에 써서 벽에 붙이고 참가자들이 다른 사람의 아이디어를 모두 검토하게 한 다음, 다시 한 번 — 마치 메아리가 울리는 것처럼 — 벽에 붙은 두세 가지의 아이디어를 조합하여 새로운 아이디어를 도출하는 방법을 말한다.[15]

➕ 아이디어 릴레이

아이디어 릴레이Idea Relay로 아이디어를 도출하는 과정은 이렇다.

5~6명의 참가자들이 빙 둘러앉아 각자의 A4 용지(또는 A3)에 두 줄로 포스트잇 8장(또는 10장)을 붙인다. 라운드가 시작되면 참가자들은 A4 용지 맨 위쪽에 있는 두 개의 포스트잇에 핵심 질문에 대한 답(자신의 의견 또는 아이디어)을 적는다. 그런 다음 자신의 오른쪽 사람에게 넘겨준다.

두 번째 라운드가 되면 참가자 전

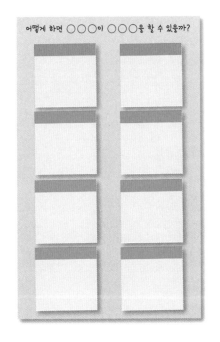

원은 왼쪽 사람으로부터 넘겨받은 A4 용지 맨 윗줄 포스트잇에 쓰인 아이디어를 참고하여 두 번째 줄에 있는 포스트잇 두 장에 새로운 아이디어를 각각 적는다.

세 번째와 네 번째 라운드에서도 두 번째 라운드의 작업을 반복한다.

이렇게 하면 참가자 전원이 8개(A4 용지의 4줄×2장 포스트잇)의 아이디어를 쓰게 되므로 참가자가 5명일 경우 짧은 시간 안에 40개의 아이디어를 도출할 수 있다.

아이디어 릴레이를 하다 보면, 첫 번째 라운드에서는 다른 사람이 쓴 아이디어를 볼 수 없기 때문에 몇 사람이 같은 아이디어를 쓸 수 있지만 라운드를 계속할수록 동일한 아이디어를 쓸 확률이 줄어듦을 알 수 있다. 두 번째 라운드부터는 다른 사람이 제시한 아이디어를 참고하기 때문에 자연스럽게 앞에서 설명한 메아리 라운드 효과가 생기는 것이다.

다만 진행자는 라운드를 진행할 때마다 참가자들에게 반드시 다른 사람의 아이디어를 토대로 아이디어를 내야 하는 것이 아니며 전혀 다른 아이디어가 나와도 상관없음을 주지시킬 필요가 있다. 아이디어 릴레이의 진행 방법을 다시 한 번 정리해보자.

1 참가자들이 빙 둘러 앉는다.
2 각자 A4 용지에 포스트잇을 두 줄로 8장을 붙인다(A3 용지의 경우 10~16장까지 붙일 수 있다).
3 참가자들이 모두 볼 수 있는 공간에 진행자가 핵심 질문을 적고 읽어준다.
4 다른 사람과 이야기하지 않고(명목집단법의 원리를 활용하여) 자신의 의견(또는 아이디어)을 맨 윗줄 두 장의 포스트잇에 각각 하나씩 두 개를 적는다.

5 자신의 오른쪽에 있는 참가자에게 A4 용지를 통째로 건네준다.

6 왼쪽으로부터 건네받은 A4 용지의 다음 줄(두 번째 줄) 포스트잇 두 장에 핵심 질문에 대한 자신의 의견(또는 아이디어)을 각각 하나씩, 두 개를 적는다. 이때 윗줄에 붙어있는 아이디어를 주의 깊게 읽어야 하며 이 아이디어들로부터 힌트를 얻되 반드시 이 아이디어들과 연관이 있는 아이디어를 적어야 할 필요는 없다.

7 A4 용지에 붙어 있는 8장의 포스트잇에 아이디어가 꽉찰 때까지 5와 6을 반복한다.

✚ 시각자극법

시각자극법^{Visual Stimulation} 이란 참가자들에게 그림이나 사진을 보여주어 시각을 자극하면서 아이디어를 이끌어내는 방법을 말한다. 진행 방법을 정리하면 다음과 같다.

1 진행자가 참가자들이 모두 볼 수 있는 공간에 핵심 질문을 적는다.

2 진행자가 준비한 그림이나 사진들 중에서 각자가 마음에 드는 그림이나 사진을 1~2장 고른다.

3 참가자 각자가 A4 용지를 세로로 접어 펼친 다음 오른쪽에 포스트잇 4장을 붙인다.

4 역시 각자가 A4 용지의 왼쪽 부분에 그림(혹은 사진)을 보면서 연상되는 단어(명사, 형용사, 부사, 동사 모두 가능하다.)를 4개 정도 적는다.

5 각자 (명목집단법의 원리에 따라) 다른 사람과 이야기하지 않고 왼쪽에 써놓은 단어를 (또는 몇 개의 단어를 동시에) 보면서 핵심 질문에 대한 자신의 의견(아이디어)을 포스트잇 한 장에 한 가지씩, 즉 4가지 의견을 적는다.

시각자극법을 활용할 때 유의할 사항은 왼쪽에 쓰인 단어들은 단지 시각적 이미지를 통해 자신의 생각을 자극한 보조도구일 뿐이라는 것이다. 그러므로 여기에 너무 얽매일 필요는 없다. 진행자가 이 사실을 참가자들에게 명확히 주지시켜주도록 하자.

시각자극법에서 사용하는 그림과 사진 예시

✚ 디딤돌 기법

디딤돌이란 한 가지 물건으로부터 연상된 여러 가지 단어(명사, 형용사, 부사, 동사 모두 가능하다)들을 디딤돌 삼아 아이디어를 도출한다는 의미에서 붙여진 이름이다. 진행 방법은 다음과 같다.

1 진행자가 전지 크기의 도화지 또는 칠판 등 포스트잇을 붙일 수 있는 공간에 다음과 같은 직사각형과 두 개의 원, 그리고 8개의 선으로 구성된(방패연 모양의) 디딤돌 양식을 그린다.

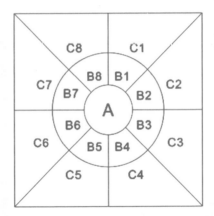

2 진행자가 가운데 원 안에(A 영역) 핵심 질문을 적은 포스트잇을 붙인다.

3 진행자가 제시하는 물건(예를 들어 스마트폰)을 연상하면 떠오르는 특성 또는 이미지(날렵하다, 카카오톡 등)를 참가자들이 자유롭게 포스트잇 한 장에 한 가지씩 써서 B1~B8 칸에 붙인다. 이 포스트잇에 쓰인 단어들이 향후 아이디어 도출 과정에서 디딤돌 역할을 하게 될 것이다.

4 마치 디딤돌을 딛고 징검다리를 건너듯이 이 디딤돌들을 활용하여 참가자들이 자

유롭게 (순서 등에 구애받지 않으면서) 핵심 질문에 대한 자신의 의견(아이디어)을 포스트잇에 적어서 해당 디딤돌 주변에(C1~C8 영역에) 붙인다. 자신이 쓴 내용을 큰 소리로 읽는다.

5 메아리 라운드의 원리를 활용하여 참가자들은 다른 사람들이 붙인 아이디어에 편승하여, 또는 자신에게 떠오르는 또 다른 아이디어를 포스트잇에 써서 해당 디딤돌 주변에 붙이면서 큰 소리로 읽는다.

6 도출된 아이디어의 숫자가 충분하다고 판단될 때까지 (대개 약 15분 정도) 4와 5의 작업을 반복한다.

디딤돌 기법으로 아이디어를 도출할 때 유의할 사항은 크게 두 가지이다.

첫째, 진행자가 디딤돌을 놓기 위해 물건을 제시할 때는 구태의연한 것(예를 들어 중고차)이 아니라 최첨단의 것(테슬라 사의 신형 전기차)을 제시한다. 이는 창의적인 아이디어를 이끌어내는 데 도움이 된다.

둘째, 시각자극법에서와 마찬가지로 진행자는 참가자들이 디딤돌에 너무 얽매이지 않도록 안내해야 한다. 다시 말해 두 개 이상의 디딤돌을 동시에 사용해도 괜찮고, 디딤돌과 관련이 없는 아이디어도 상관없으며, 그런 의미에서 아이디어의 위치가 디딤돌과 대응되는 위치가 아니어도 된다는 점, 예를 들어 B1 디딤돌의 도움을 받아 도출한 아이디어를 반드시 C1 영역에 붙여야 하는 것은 아니라는 점을 명확히 설명해주어야 한다.

무한도전 팀은 앞서 설명한 내용을 참고로 하여 아이디어 회의를 진행했다. 먼저 무한도전 팀은 문제정의 단계에서 도출한 핵심 질문 "어떻게 하면 계산대에서 고객이 직접 챙기지 않더라도 자신이 받을 수 있는 혜택을 놓치지 않게 할 수 있을까?"를 가지고 아이디어 릴레이를 진행했다.

두 번째 핵심 질문인 "어떻게 하면 고객이 카트에 실었던 물건을 계산대에 올리고 내리는 번거로움 없이 쇼핑하게 할 수 있을까?"는 디딤돌 기법을 활용하여 브레인스토밍을 했다.

무한도전 팀은 이렇게 도출된 아이디어들을 재료로 삼아 다음 작업인 '콘셉트 개발'에 들어갔다.

☆ 무한도전 팀의 아이디어 릴레이 결과 ☆

핵심 질문 : 어떻게 하면 계산대에서 고객이 직접 챙기지 않더라도 자신이 받을 수 있는
혜택을 놓치지 않게 할 수 있을까?

자동 계산 어플 :
혜택 등을 체크해서
미리 자동 계산해볼
수 있게 한다. 내가
받을 혜택을 계산
전에 확인할 수 있다.

그날 제공되는 혜택
을 담은 유인물을
입구에서 나눠준다.

대기선 바깥쪽 안내
및 등록을 카트에
구현해놓고 대기선
근처에서 통보해주기
→ 카트에 LCD
패널 구현

캐셔들의 자체 미팅
(교육 등)에서
이 문제에 대한 아이
디어를 공유하는 시간
을 갖는다.

결제 후 SMS로
혜택 내역 통보해주기
: 전체 받을 수 있
는 혜택·실제 받은
혜택 → 비교 후 누
락 사항 체크

계산대 결제 시
내가 받을 최적의
혜택 제안하기.
(예 : 결제카드+멤버십
+쿠폰)

대기선 바깥쪽에
사전 혜택에 대한
안내와 등록을 할 수
있게 한다.

캐셔에 대한 평가에
"고객 혜택 꼼꼼히 챙
겨주기" 항목을 포함
시키고 비중을 높인다.

캐셔 매뉴얼 →음대.
빠짐없이 체크
(멤버십. 카드 혜택 등)
(○만 원 이상 결제)

고객 정보 및 혜택을
핸드폰에 사전 등록
할 수 있게 한다.

그날 받지 못한 혜택
을 "행사 기간 내에
한해서" 다음에
방문했을 때 찾아갈
수 있는 제도 운영

계산대 근처 모니터
설치 :
1.당일 행사 내용 및
받을 수 있는 혜택
을 크게 인지할 수
있도록 안내
2.물품의 개별 단가를
크게 인지하도록
기재
3.혜택을 색으로 표현
해서 체크하게 하기
(예) 카드 빨강, 마
트 노랑, 기타 포인
트 파랑
4.계산대 근처에서
혜택이 부족할 경우
추가 구매 여건 마
련. 계산대에서
기다리면서 혜택
입력하기(회원번호,
전화번호, 주차 정산)

마트 내 식사와
헤어숍 이용 시 쇼핑
도우미 제도 운영

사전 예약.
오늘 쇼핑 계획 YES.
주문 예상 내역
보내주기.

혜택을 받지 못했을
경우 고객이 취할 수
있는 행동을 모두
나열한 안내장을
나눠준다. 매장 곳곳
에 비치한다.

가격 혜택 외 질적인
혜택 높이기
(쌀 → 도정,
원두 → 블렌딩,
장보기 서비스)

주로 장 보는 날
데이터를 조사해
당일 할인 혜택 등을
폰으로 전송한다.

누락 혜택 보상제도
: 계산원 또는 본인
의 실수로 혜택 누락
시 다음에 재적립 및
할인

카트에 상품 넣을 때
해당 상품에 대한
혜택 통보해주기 →
카트에 NFC/RFID
기능 탑재. 스마트폰
(카드 내장) 기능으로
도 가능.

☆ 무한도전 팀의 디딤돌 결과 ☆

진행자가 제시한 물건 : 하이브리드자동차

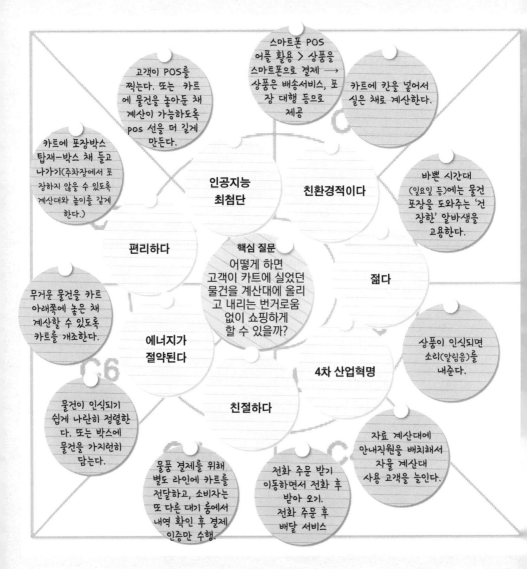

고객이 POS를 찍는다. 또는 카트에 물건을 놓아둔 채 계산이 가능하도록 pos 선을 더 길게 만든다.

스마트폰 POS 어플 활용 〉 상품을 스마트폰으로 결제 → 상품은 배송서비스, 포장 대행 등으로 제공

카트에 칸을 넣어서 실은 채로 계산한다.

카트에 포장박스 탑재-박스 채 들고 나가기(주차장에서 포장하지 않을 수 있도록 계산대와 높이를 같게 한다.)

인공지능 최첨단

친환경적이다

바쁜 시간대 (일요일 등)에는 물건 포장을 도와주는 '건장한' 알바생을 고용한다.

편리하다

핵심 질문
어떻게 하면 고객이 카트에 실었던 물건을 계산대에 올리고 내리는 번거로움 없이 쇼핑하게 할 수 있을까?

젊다

무거운 물건을 카트 아래쪽에 놓은 채 계산할 수 있도록 카트를 개조한다.

에너지가 절약된다

4차 산업혁명

상품이 인식되면 소리(알림음)를 내준다.

물건이 인식되기 쉽게 나란히 정렬한다. 또는 박스에 물건을 가지런히 담는다.

친절하다

자료 계산대에 안내직원을 배치해서 자율 계산대 사용 고객을 늘인다.

물품 결제를 위해 별도 라인에 카트를 전달하고, 소비자는 또 다른 대기 줄에서 내역 확인 후 결제 인증만 수행.

전화 주문 받기 이동하면서 전화 후 받아 오기. 전화 주문 후 배달 서비스

STEP #8
조합하면 탁월해지는 아이디어

— 콘셉트 개발하기 —

콘셉트를 개발한다는 말은 아이디어 도출 단계에서 생성된 수많은 아이디어 중에서 좋은 아이디어들을 골라서 몇 개의 중요한 키워드를 중심으로 보다 상세한 해결방안을 조합하는 과정을 의미한다. 영화감독이 촬영 후 편집실로 돌아가 괜찮은 장면만을 골라 창조적이고 일관성 있게 편집하는 과정과 유사하다.[16]

대부분의 아이디어 회의의 결과물들은 디자인 기준 관점에서 보면 다듬어지지 않고 단편적인 아이디어 수준에 그치는 경우가 허다하다. 구슬이 서 말이라도 꿰어야 보배이듯 아이디어 도출 과정에서 얻은 수많은 아이디어들을 잘 조합해서 보다 완전한 형태의 해결방안을 만들어가는 작업이 필요한 것이다. 디자인씽킹에서는 이를 일컬어 "콘셉트를 개발한다."고 부른다. 이 과정은 참신한 아이디어가 너무 일찌감치 가지치기 당하는 것을 예방해준다. 또한 확실하지 않은 결과에 미리 취해서 새로운 아이디어를 비즈니스에 적용해보지도 않고 론칭하는 것을 막아준다.[17]

콘셉트 개발의 의미와 과정을 좀 더 명확하게 이해할 수 있도록 독일 지멘스Siemens 사의 빌딩자동화 사업본부 사례를 소개한다.[18]

2003년 지멘스 빌딩자동화Siemens Building Automation 사업본부는 꾸준히 매출이 성장했지만, 고객만족도는 하락하고 있었다. 자체적으로 그 원인을 조사해보니 '특별요청Ad Hoc request'이라 부르는, 고객사들이 제품에서 마음에 들지 않는 부분을 변경할 수 있게 해주는 제도가 문제였다.

지멘스의 직원은 2,000명 정도의 서비스 기술자와 200명 정도의 거래처 영업 담당자로 이루어져 있다. 하지만 서비스 기술자와 영업 담당자 모두 특별요청이라는 업무를 기피하고 있었다. 서비스 기술자는 고객사의 건물 관리팀과 직접적으로 의사소통하는 업무를 되도록 하지 않으려 했고, 영업 담당자들은 (그들에게 수당을 벌어다줄) 신규 주문서를 작성하느라 바빠서 특별요청을 빼먹기 일쑤였던 것이다. 지멘스는 매출 성장에 아무런 타격 없이 이 특별요청 문제를 해결할 방법이 필요했다.

지멘스의 서비스품질 팀은 이와 관련한 사항들을 연구해서 문제의 틀을 규정하고, 브레인스토밍을 통해 수십 가지 아이디어를 모았다. 그중에는 각 시설을 순회하면서 특별요청을 해결해줄 특수기동 팀을 조직하자거나, 모든 특별요청을 시스템에 등록하고 이를 중앙에서 관리하자는 의견도 있었다. 미리 정해진 양식에 따라 제안서를 작성하게 하자거나, 72시간 이내에 특별요청을 해결할 수 있도록 보증 제도를 도입하자거나, 서비스 기술자들의 휴대장치에 제안서를 자동으로 만들 수 있는 프로그램을 개발하자는 아이디어도 있었다.

지멘스 서비스품질 팀은 브레인스토밍 결과물을 검토했다. 처음에는 그 어떤 아이디어도 특별하다는 생각이 들지 않았다. 완벽하고 일관성 있는 해결방안은 그 어디에도 없는 것처럼 보였다. 그저 올바른 방식으로 결합할 경우 도움이 될 수도 있는 단순한 아이디어처럼 느껴졌다.

결국 지멘스 서비스품질 팀은 브레인스토밍이 한 번 더 필요하다는 것을 깨달았다. 그리고 이번에는 흥미로운 몇 가지 조합을 만드는 데 집중했다. 지멘스의 서비스품질 팀은 다음의 몇 가지 고정주제를 통해 콘셉트를 도출했다.

— 거래처 영업 담당자의 생산성 향상 도구
— 고객의 셀프서비스
— 인센티브 제도
— 제3자를 통한 서비스 제공
— 서비스 기술자의 직접 참여

지멘스 서비스품질 팀은 위의 고정주제를 기반으로 하되, 전 단계에서 도출되었던 다양한 아이디어들을 고정주제에 조합하여 몇 가지의 콘셉트로 개발했다. 예를 들면,

— 특별요청을 해결하는 영업 담당자들을 위한 특별수당 제도 및 생산성 향상 도구 개발
— 보상수리점 제도 : 서비스 기술자들이 영업 담당자의 개입 없이 특별

요청을 처리할 수 있게 하는 자원봉사 개념의 서비스 프로그램

보상수리점 콘셉트는 기존 인적 자원만으로도 충분히 구현할 수 있는 해결방안이었다. 서비스 기술자가 영업 담당자보다 10배는 많았기 때문이다. 기술자가 이 콘셉트를 판매와 관련된 것처럼 느낄까 봐 지멘스는 보상수리점을 '문제해결 서비스센터'라고 이름지었다(기술자들은 원래 판매에 대해서는 부정적 시각이 있는 반면, 기술적 문제를 해결하는 작업은 매우 좋아한다.).

또한 이 콘셉트는 서비스 기술자들이 해결할 문제를 직접 고르도록 했는데, (브레인스토밍에서 얻은 또 다른 아이디어였다.) 이는 서비스를 판다는 느낌을 훨씬 덜하게 했고, 사전 동의 방식이라서 거부감이 없었다. 지멘스는 이 보상수리점 콘셉트를 살짝 다듬은 후 실제로 구현해보았다. 첫 6개월 동안 서비스 기술자의 거의 50%가 (카탈로그에서 고른 선물을 보상으로 제공하는 방식인) 이 프로그램에 참가등록을 했다. 고객만족도 또한 빠르게 다시 높아졌다.

소개한 지멘스 사의 빌딩자동화 사업본부의 사례를 중심으로 콘셉트 개발 단계를 재구성하면 다음의 4단계로 나누어볼 수 있다.

1단계 브레인스토밍 결과 검토와 아이디어 분류하기
2단계 고정주제 선택하기
3단계 아이디어를 조합해서 실제 콘셉트 개발하기
4단계 냅킨 피치 작성하기(뒤에서 설명할 것이다.)

1단계 : 아이디어 검토와 분류하기

브레인스토밍 단계에서 도출했던 아이디어를 담은 포스트잇들을 벽면과 같은 공간에 부착한 다음, 친화도법의 원리를 이용해서 분류한다. 이때 다음의 몇 가지 요령을 참고할 수 있다.[19]

— 중복되는 아이디어 제거하기
— 유사한 아이디어는 서로 옆에 놓기
— 누락된 것이 있는지 확인하고 아이디어를 추가하기
— 떠오르는 주제를 목록으로 만들기. 예를 들면 셀프서비스, 대금 선불 지급, 개인맞춤 서비스, 소비자와의 직접 유통경로 설정, 사전 준비 서비스, 일반적인 해결책 등
— 디자인 기준을 이용하여 우선순위를 설정하기
— 반드시 필요한 아이디어와 테마에 별표 표시하기

2단계 : 고정주제 선택하기

고정주제란 몇 개(보통 3~4개)의 콘셉트를 만들 때 꼭 포함되어야 할 핵심적인 아이디어를 말한다. 구슬을 꿰어 보배를 만드는 작업의 비유를 계속 사

용하자면 어떤 모양과 길이의 목걸이를 만들더라도 모든 시제품에 꼭 들어 갔으면 하는 구슬, 즉 고객의 마음에 꼭 들 것만 같은 구슬 몇 개를 일단 선택하는 것이다. 예를 들어 5가지의 고정주제를 선택했다면 두 개의 콘셉트를 만들 때 각각의 콘셉트에 적어도 3개의 고정주제가 포함되도록 하는 식을 말한다.

☆ 고정주제(★)와 콘셉트(A, B) ☆

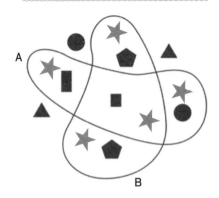

위의 그림에서 보는 바와 같이 브레인스토밍 과정에 도출된 수많은 아이디어들 중에서 5개의 고정주제(★)를 선택했다면 이들 고정주제를 토대로해서 다른 아이디어들을 조합하여 두 개의 콘셉트, 즉 A, B의 콘셉트를 만들어가는 것이다.

그렇다면 수많은 아이디어 중에서 고정주제는 어떻게 선택하면 좋을까? 여기에는 멀티 보팅과 의사결정 그리드가 주로 쓰인다.

그중 단순한 방법은 멀티 보팅이다. 팀원 각자에게 10개 정도의 스티커를 나누어준 뒤 여러 가지 아이디어들 중 핵심적이고 창의적인, 또는 고객의 입장에서 가장 중요할 것 같은 아이디어에 스티커를 하나씩 붙이게 한 다음 많은 표를 얻은 아이디어를 고정주제로 선택하는 것이다.

의사결정 그리드는 멀티 보팅보다는 정교한 방법으로 아이디어들을 평가할 때 쓰인다. 넓은 공간에 아래와 같은 도표를 그린 다음, 팀원들의 의견을 수렴하여 가장 구현하기 쉬우면서도 구현했을 때 고객만족도나 예상 매출액 같은 성과 측면에서 기대되는 아이디어를 숫자대로 배열한 다음 가장 높은 것(9번)을 선택하는 것이다.

☆ 의사결정 그리드 ☆

기대효과		
4	7	9
2	5	8
1	3	6

해결 아이디어의 실행 용이성

3단계 : 아이디어 조합해서 콘셉트 개발하기

고정주제를 선택했다면 브레인스토밍 과정에서 도출된 수많은 아이디어를 조합해서 실제로 몇 개의 콘셉트를 만들어본다. 이때 조합되는 아이디어들은 주제별로 연결되고 조화로워야 한다. 구슬을 꿰어 보배를 만드는 작업에서 구슬들의 모양과 색깔, 재질들은 각기 다르지만 어떻게 배치하느냐에 따라 아름다움의 정도가 달라지듯이 말이다. 콘셉트 개발 단계에서는 언제나 잘 결합한 아이디어의 조합이 단 하나의 번뜩이는 아이디어를 능가한다.[20]

아이디어를 조합하는 작업은 피자를 요리하는 일에 비유할 수 있다. 일단 피자의 재료들을 생각해보자. 대분류로 본다면 도우, 치즈, 소스, 각종 토핑 등이 있을 것이다. 다음에는 각 대분류별로 피자에 넣을 수 있는 모든 품목을 나열한다.

- **도우** 얇은 도우, 두꺼운 도우, 큰 것, 중간 것, 작은 것, 가장 자리에 치즈를 넣는 것, 평범한 것 등
- **치즈** 파메산, 가우다, 에멘탈러 등
- **소스** 토마토소스, 크림소스, 올리브오일 등
- **토핑** 햄, 살라미, 버섯, 불고기, 망고, 올리브 등

이제 자신의 취향, 또는 초대한 손님의 취향에 맞게 도우, 치즈, 소스, 토핑 중 몇 가지를 조합해 맛도 있고 모양도 그럴싸한 피자를 만든다. 마지막으로 화덕 또는 오븐에 구우면 된다.

4단계 : 냅킨 피치 작성하기

콘셉트 개발의 마지막 단계는 3단계까지의 작업에서 만들어진 콘셉트를 포장하는 일이다. 말하자면 오븐에 구운 피자에 이름을 붙이는 것이다. 마르게리따, 고르곤졸라 ….

콘셉트를 포장하는 이유는 여러 가지가 있겠지만, 디자인씽킹에서는 식별과 소통을 용이하게 하기 위해서이다. 각 콘셉트의 이름을 짓고 내용물을 간단하게 표기함으로써 팀원들끼리, 혹은 고객과 스폰서 등 프로젝트 이해관계자들과 토론하게 될 때 콘셉트의 차이점과 공통점, 특징 등을 쉽게 식별하고 소통하려는 것이다. 피자집에서 손님이 '마르게리따'라고 주문하면 어떤 피자를 원하는지 바로 이해하는 요리사처럼.

개발한 콘셉트의 이름과 내용물을 설명하기 위해서는 '냅킨 피치Napkin pitch'라고 불리는 도구를 사용하는 것이 편리하다. 진 리드카와 팀 오길비가 그들의 저서 《디자인씽킹, 경영을 바꾸다》에서 소개한 냅킨 피치라는 도구는 완전히 펼친 냅킨 위에 N, A, B, C로 구성된다.[21]

— **N**Need(필요/요구) : 우리가 해결해야 할 충족되지 않은 필요사항은 무엇인가?

— **A**Approach(접근방법) : 필요를 충족하기 위한 우리의 접근법은 무엇인가? 그것은 얼마나 참신한가?

— **B**Benefit(혜택) : 고객이 얻을 혜택은 무엇인가? 우리가 얻는 혜택은?

— **C**Competition(경쟁) : 우리가 직면할 경쟁에는 무엇이 있는가? 우리가 가

진 장점은 무엇인가?

피자의 예를 계속해서 인용하자면, 마르게리따 피자를 냅킨 피치로 표현할 경우 다음과 비슷해질 것이다.

☆ 마르게리따 피자의 냅킨 피치 ☆

콘셉트. 피자만땅 레스토랑의 '마르게리따 피자'

Need (필요/요구)	Approach (접근방법)
- 소화가 잘 되는 피자가 먹고 싶다. - 값이 비싸지 않으면 좋겠다. - 맛이 담백하면 좋겠다.	- 정통 이탈리아 레시피를 따른다. - 다른 피자의 70% 정도 가격에 제공한다. - 신선한 식재료를 사용한다.
Benefit (혜택)	**Competition (경쟁)**
- 값이 싸다. - 맛있고 소화가 잘 된다. - 이탈리아 정통을 지향하는 우리 레스토랑의 '트레이드마크'로 홍보할 수 있다.	- 근처 중국 음식점(○○루) - 근처 일식집(○○사께)

무한도전 팀의 콘셉트 개발은 어땠을까?

지금까지 설명한 내용을 다시 한 번 요약하면, 콘셉트 개발은 '1단계. 브레인스토밍 결과물(아이디어)의 분류 → 2단계. 고정주제 선택 → 3단계. 콘셉트 개발 → 4단계. 냅킨 피치 작성'으로 이루어진다.

무한도전 팀도 콘셉트 개발에 착수했다. 팀원들은 먼저 두 번째 핵심 질문인 "어떻게 하면 고객이 카트에 실었던 물건을 계산대에 올리고 내리는 번거로움 없이 쇼핑하게 할 수 있을까?"에 대한 브레인스토밍 결과를 가지고 이 문제를 해결할 수 있는 콘셉트를 개발하기로 합의했다.

이들은 먼저 전 단계였던 아이디어 회의에서 도출했던 아이디어들을 분류한 다음 고정주제를 결정했다. 고정주제를 결정할 때는 의사결정 그리드를 사용했으며, 비교적 구현이 용이하고 기대효과가 높다고 판단한 아이디어로 다음의 5가지를 선정했다.

✚ 무한도전 팀이 선정한 고정주제 ✚

– 박스에 물건을 가지런히 담는다.

– 바쁜 시간대에는 물건 포장을 도와주는 건장한 알바생을 고용한다.

– 카트 안에 한 겹은 물건을 놓아둔 채 계산이 가능하도록 POS 선을 더 길게 만든다.

– 카드에 포장박스 탑재 → 박스 채 들고 나가기(주차장에서 물건을 박스에 옮겨 담지 않을 수 있게)

– 무거운 물건을 카트 아래쪽에 놓은 채 계산할 수 있도록 단계적으로 노후화된 카트부터 개조한다.

콘셉트 개발 미팅을 시작하는 무한도전 팀원들의 얼굴에는 약간의 긴장감과 흥분감이 동시에 감돌았다. 팀장인 당신은 보다 자유분방한 토론이 될 수 있도록 '접어게임(일명 손병호 게임)'으로 팀원들의 긴장을 풀었다. 본격적인 토론이 시작되자 무한도전 팀의 아이디어 뱅크를 자처하는 김태희 대리가 입을 열었다.

"제가 캐나다에서 워킹홀리데이를 할 때 보니까 캐나다 코스트코^{Costco}에서는 주말같이 바쁠 때 계산대마다 한두 명의 직원들을 투입해서 고객이 구입한 물건들을 그들이 가져온 에코백 같은 장바구니에 담아주더라고요. 이들은 숙련이 되어 있어 그런지 장바구니에 물건을 담는 솜씨가 장난이 아니었어요. 각이 딱딱 잡힌다니까요!"

김태희 대리의 발언으로 물꼬가 트이자 너도나도 이 아이디어를 발전시킬 아이디어를 쏟아냈다. "기왕에 알바생을 고용한다면 '쿠팡맨'처럼 훈남들이 필요할 것 같아요."라고 제안한 박아람 사원의 말에 팀원들이 '쿠팡맨'이라는 메타포를 사용해서 알바생 콘셉트를 더욱 정교하게 다듬어보자며 의견을 모았다.

— 쿠팡맨처럼 멋진 유니폼이 있으면 좋겠다.
— 쿠팡맨처럼 세련된 매너를 교육시켜야 한다.
— 쿠팡맨처럼 믿음직스러운 이미지를 줄 수 있어야 한다.
— 쿠팡맨은 집으로 배달하지만 알바 쿠팡맨은 몸이 불편하다든가 연로하신 고객이 있다면 주차장까지 카트를 운반해줄 수 있도록 권한(!)을

부여하자.

— 알바 쿠팡맨도 캐나다 코스트코 직원들처럼, 아니 그들보다 더 포장을 잘할 수 있도록 교육을 시키자.

이야기가 여기까지 진전되면서 팀원들의 열기가 점점 고조되고 있을 때, 평소 꼼꼼하기로 정평이 난 안설렁 차장이 한 가지 우려사항을 제기했다. 알바생 고용은 비용을 수반하는 일인데 지금처럼 비용절감이 전사적 관심인 시기에 가능하겠느냐는 것이었다. 잠깐의 적막이 흐른 후 팀의 막내인 김혜수 사원이 손을 들었다. 알바생 고용을 비용으로만 인식하지 말고 우리 마트가 이 동네 청년들의 일자리를 창출한다는 인식을 심어주면 어떻겠느냐는 의견이었다.

"일자리 창출은 요즘 정부의 최우선 과제이기도 하잖아요?"

알바생에게 나가는 인건비를 A마트에 대한 이미지 광고비용과 비교해보면 정말 적은 비용이라는 다른 팀원의 의견도 더해졌다.

"자, 그럼 한번 부딪혀 보는 걸로~!"

다시 분위기가 반전되면서 '건장한 알바생' 콘셉트에 살을 붙이는 아이디어 회의가 이어졌다.

"기왕에 이 콘셉트가 우리 마트의 이미지 홍보에 일조하는 거라면…."

처음에 캐나다 코스트코에서의 경험을 이야기했던 김태희 대리가 말했다.

"고객들이 가져오는 에코백 있잖아요. 에코백을 가져오는 고객들에게 쿠팡맨이 큰 소리로 '감사합니다. 환경보호를 몸소 실천하시는 분이네요.'라고 외치면서 작은 선물, 예를 들어 사탕 몇 개를 드리면 어떨까요? 그러면서 '마트에 오실 때는 에코백을 챙겨오세요. 지구환경을 지킵니다.' 하고 덧

붙여 말하게 하는 거죠."

알바 쿠팡맨에게 우리 회사가 추구하는 친환경 마트 이미지까지 맡겨 보자는 김태희 대리의 아이디어에 모든 팀원이 기립박수를 보냈다.

"우와~! 처음에는 별 것 아닌 것처럼 느껴졌던 아이디어들이 콘셉트 개발 단계를 거치면서 이렇게 멋지게 재탄생하는군요?!"

박아람 사원의 감탄사였다. 10분 간 휴식 후 다시 모인 무한도전 팀원들은 이 콘셉트를 한 장의 냅킨 피치로 요약했다. 콘셉트의 이름은 '건장한 알바생 : 우리 마트 슈퍼맨'으로 정했다.

☆ 무한도전 팀의 냅킨 피치 ☆

콘셉트 1. 건장한 알바생 : 우리 마트 슈퍼맨

Need (필요/요구)	Approach (접근방법)
- 카트에서 계산대로 물건을 올리고 내리는 시간 때문에 대기시간이 길어진다. - 주말 등 혼잡 시간대에는 특히 더 심하다. - 거동이 불편하거나 행동이 느린 고객들을 도와줄 필요가 있다.	- 혼잡 시간대에 물건 포장을 돕는 건장한 알바생을 투입한다. - 이들을 잘 교육시켜서 고객만족도를 향상시킨다. - 마트의 고용창출과 환경보호 이미지 홍보 효과를 노린다.
Benefit (혜택)	**Competition (경쟁)**
- 고객은 힘들이지 않고 빠른 시간에 계산이 완료된 물건을 카트에 다시 실을 수 있다. - 회사는 고객만족도 증가, 대기시간 감소, 일자리 창출 이미지, 환경보호 이미지 등의 효과를 얻는다.	- 캐나다 등 선진국에서는 이미 실시하고 있는 방법이다. - 인근 마트들은 실시하지 않고 있다. - 인근 마트들의 모방 가능성이 높으므로 지속적으로 차별화시켜야 한다.

자~! 이로써 우리의 무한도전 팀은 고객공감, 문제정의, 그리고 아이디어 도출과 콘셉트 개발의 단계를 성공리에 마치고 대망의 마지막 단계인 프로토타입을 제작해서 그 타당성을 검증하고 보완하는 단계로 나아갈 준비를 마쳤다.

6부에서 디자인 프로젝트를 어떻게 마무리하면 좋을지 상세하게 살펴보기로 하자.

프로토타입 제작과 검증 단계

6부

저렴하게 만들고
빠르게 검증할 것

"이제 디자인씽킹 막바지 단계로 접어들었다. 무한도전 팀은 아이디어를 도출하고 이 것을 콘셉트로 개발하는 과정까지 거쳤다. 이렇게 정리한 콘셉트를 기반으로 프로토타입을 제작하여 그 타당성을 검증하고 보완하는 작업을 수행할 것이다. 하지만 콘셉트는 말 그대로 제품이나 서비스에 대한 정의와 기능, 설명 등을 표현한 것이기 때문에 이 콘셉트가 실제로 어떤 형태로 구현될지 정확하게 감을 잡기 어려울 수도 있다. 그러다 보니 콘셉트를 정리한 사람(프로젝트 팀원)과 이를 듣는 사람(외부 사람 또는 과제를 의뢰한 클라이언트) 간에 콘셉트에 대한 이해가 서로 부딪힌다. 또한 실제 고객들을 대상으로 콘셉트를 테스트할 때도 고객이 이해하는 내용에 차이가 있을 수 있다. 그래서 디자인씽킹에서는 콘셉트를 전달할 때 말하는 사람(프로젝트 팀원)과 듣는 사람(외부인, 클라이언트, 고객)이 서로 같은 형태의 제품 혹은 서비스를 머릿속에 그리고 이해할 수 있도록 프로토타입을 제작한다.

프로토타입은 제품이나 서비스가 실제 시장에 나가기 전에 이 콘셉트가 구현되어야 하는 목적, 다시 말해 이 콘셉트를 최대한 빠르게 사전 검증을 하여 시장에서 고객으로부터의 수용·선택될 확률을 높이기 위한 목적으로 제작한다. 따라서 고객의 문제해결을 위해 제공해야 하는 기능이나 요소는 최대한 단순하게, 하지만 정확하게 담아야 한다.

제작된 프로토타입은 고객의 반응을 조사하여 수정사항과 피드백을 신속하게 반영해야 하며, 다시 고객의 반응을 파악하는 과정을 수차례 반복해야 한다. 이를 통해 프로토타입은 정확하면서 수용 가능성이 높은 해결방안으로 다듬어지게 된다. 이는 궁극적으로는 제품 또는 서비스가 실제 시장에 출시되었을 때 고객으로부터 선택받을 확률을 높이는 효과로 이어진다.

프로토타입을 지나치게 상세하고 정교하게 만들려다 보면 자칫 시간이 지체되거나 불필요하게 신경을 쓰게 되어 역효과가 날 수 있다. 실제 비즈니스 현장에서는 제품이나 서비스 런칭을 앞두고 이루어지는 이런 일련의 시간이 무척 빠르게 지나간다. 따라서 프로토타입을 만들 때는 어떤 재료를 이용하든, 예쁘지 않더라도, 완벽하지 않더라도, 정확한 기능과 요소가 담기도록 해야 할 것이다. 이렇게 만든 프로토타입으로 테스트하고 수정하는 과정을 반복하여 정교함과 시장 성공 확률을 높여가도록 하자.

STEP #9
시제품은 최대한 신속 저렴하게
― 프로토타입 제작하기 ―

프로토타입이란 콘셉트 개발 단계에서 만들어진 콘셉트를 시각적으로 혹은 실물로 형상화한 것을 말한다. 손으로 만지고 눈으로 볼 수 있는 제품이나 건축물은 '시제품', 프로그램이나 금융상품, 각종 제도와 법안 등 무형의 프로젝트는 '시안'이라고 표현할 수 있다. 여기서는 프로토타입을 만드는 이유와 과정, 그리고 그 과정에서 유의할 사항을 되도록 자세히 설명할 것이다.

본격적인 설명을 시작하기 전에 카이저 퍼머넨테라는 병원에서 프로토타입을 활용했던 다음의 사례를 읽어보면 프로토타입에 대한 이해가 좀 더 쉬울 것이다.[22]

카이저 퍼머넨테는 새로운 진료소 빌딩을 건축하는 중이어서 의사와 진료소 직원들이 별도의 사무실 대신 한 공간에서 같이 일해야만 했다. 이에 프로젝트 팀은 의료진이 유용하게 활용할 수 있도록 해당 공간의 프로토 타입을 어떻게 제작할지에 관해 고민했다.

일단 프로젝트 팀은 환자를 돌보는 사람들에게 디자인에 관한 피드백을 받고 싶었다. 그들의 소중한 시간을 많이 빼앗지 않으면서 말이다. 하지만 도면만 그려서는 그렇게 할 수 없었다. 실제처럼 보이지 않았기 때문이다. 소규모 모형 역시 적합하지 않았다. 그래서 그들은 회의실을 그 공간처럼 꾸몄다.

침대시트를 가져다가 윗부분에 압정을 꼽은 다음 타일로 된 천장에 걸었고, 적당하다고 생각할 만큼의 공간 크기를 재서 시트를 걸고, 골판지 상자로 컴퓨터를 대신하고, 창고에서 오래된 환자 침대를 가져다가 집어넣었다. 그런 다음 그들은 의료진을 데려왔다. 그러고는 그들에게 기회가 있을 때마다 이곳에 들러달라고 부탁했다. 의료진이 오면 팀원 중 한 명이 환자인 척하고 모형에서 함께 모의실험을 진행했다.

그 실험으로 많은 것이 변했다. 팀원들과 의료진은 훨씬 더 가까워졌고 의료진에게 직접 시도해본 덕분에 사용자의 목소리를 들을 수 있었다. 이는 아주 중요한 사건이다. 이를 통해 아주 많은 신뢰를 쌓았을 뿐만 아니라 그 공간에서 알게 된 사실만큼 실패할 확률도 줄어들었기 때문이다.

침대시트와 압정으로 만든 회의실에서 무슨 일을 하려는 것인지 의료진은 즉시 알아차렸다. 그들은 다가가서 싱크대에서 손을 씻는 척했고, 의자를 당겨 환자인 척하는 팀원 옆에 앉기도 했다. 그들은 골판지 컴퓨터 앞에 앉아 자세를 잡아보기도 하고 주위를 걸어다니며 이것저것 살펴보기도 했다. 그런 의료진의 행위를 보고 팀원들은 "어떤 것 같아요?"라고 물었다. 그들은 "음, 사실, 이 공간은 좀 크네요. 이 정도는 필요하다고 생각했는데, 좀 큰 것 같아요. 물건들도 생각보다 많이 떨어져 있는 것 같고⋯ 효율적이라는 생각이 들지 않습니다. 지금보다 가까이 붙어있으면 좋겠어요."라고 답했다.

팀원 중 한 명이 일어나서 압정을 뽑아 20cm 정도 옆으로 옮겨 꽂고는 실험용 책상으로 돌아와 앉으면서 이렇게 말했다. "좋아요. 다시 한 번 확인해봅시다."

카이저 퍼머넌테 병원의 사례는 침대시트와 압정만으로 프로토타입 제작의 위력을 보여준 것이라 할 수 있다.

자, 지금부터 프로토타입의 다양한 형태와 만드는 이유, 그리고 제작과정에서 유의할 사항 등을 차례로 살펴보기로 하자.

프로토타입은 어떤 형태가 좋은가

프로토타입의 형태는 그야말로 다양하다. 1부에서 소개했던 광산구청 사례에서 영웅본색 팀원들이 이삿짐센터가 사용하는 포장박스 재질의 재료로 제작했던 쓰레기 배출함을 기억하는가? 또 네덜란드 굿 키친 사례에서 노인급식 문제를 해결하기 위해 A4 용지 크기의 고급 종이로 메뉴판을 새롭게 만든 것을 기억하는가?

아래의 사진은 전북대학교 경영학부에서 '창의적 문제해결' 수업에 참여했던 프로젝트 팀 중 한 팀이 제작한 프로토타입이다. 이 팀은 전북대병원에 처음 온 환자나 보호자들이 정형외과를 쉽게 찾아갈 수 있도록 하는 프로젝트에서 안내표지판의 위치와 모양, 내용을 프로토타입으로 만들어 보여주었다. 골판지와 색종이를 이용해서 만든 이 프로토타입 덕분에 병원 관계자들은 그들의 의도를 쉽게 알 수 있었다.

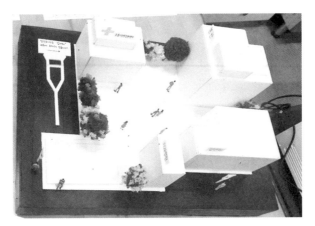

병원에 처음 온 사람들에게 병원의 위치를
안내하기 위해 만든 프로토타입 (전북대학교 '창의적 문제해결' 수업에서)

프로토타입을 만드는 이유는 무엇인가

진 리드카와 팀 오길비는 프로토타입의 제작 목적을 "콘셉트를 여러 번, 그리고 빠른 속도로 실행과 검증이 가능한 모형으로 변환하는 것"이라 했다. 다른 말로 표현하면 '콘셉트에 생명을 불어넣는 것이 프로토타입'이라고 할 수 있다.

그들은 이어서 "새로운 칫솔의 프로토타입을 제작하는 것은 쉽다. 새로운 비즈니스 모델의 프로토타입을 제작하는 것은 그보다 조금 더 어렵다. 하지만 두 프로젝트 모두 본격적으로 실행하기 전에 빠른 학습이 필요하다는 공통점이 있다."라고 설명하며 프로토타입 제작의 궁극적인 목적이 프로젝트 팀이 개발한 콘셉트를 실행에 옮기기 전에 되도록 저렴한 비용으로 신속하게 시험해보고 콘셉트를 수정보완하기 위함임을 강조했다.[23]

프로토타입을 만드는 목적은 다음과 같이 정리할 수 있다.

— 프로토타입은 초기에 자주 제작한다. 이론적으로 완료된 상품을 '검증'하기 위해 제작하기보다 프로토타입을 제작하며 학습하는 것이 바람직하다. 효과가 있는 부분은 그대로 받아들이고 개선되어야 하는 영역은 바로바로 파악한다. 그러다 보면 과정이 간단하고 신속해져서 '시행착오를 빨리 겪을' 수 있다.

— 프로토타입 제작은 투자수익률ROI, Return On Investment의 '투자(I)' 부분은 최소화하면서 더 많은 콘셉트를 신속히 검증할 수 있게 해주는 과정이다.

— 프로토타입 제작의 목적은 사용자와 함께 검증할 수 있고, 개선할 수 있으며, 더 넓은 범위의 고객과 교류할 수 있도록 무언가를 신속하게 창조하는 것이다. 잠재적 파트너와 고객에게 추상적인 아이디어를 실체화해 보여줌으로써 제품에 관한 의미 있는 피드백을 훨씬 더 많이 얻게 된다.

— 자신의 생각을 명시적으로 보이게 해서 다른 사람을 빠르게 이해시키고 생각을 공유하게 한다.

프로토타입 제작 시 유의사항은 무엇인가

프로토타입의 제작과정에서 유의할 사항은 다음과 같다. 앞에서 예로 든 카이저 퍼머넨테 병원 스토리를 염두에 두면 쉽게 이해가 될 것이다.

✚ 콘셉트에서 검증하고자 하는 부분은 반드시 포함시킨다

프로토타입을 제작하는 중요한 목적은 프로젝트 팀이 개발한 콘셉트의 타당성을 신속하게 검증하는 것이다. 따라서 프로토타입에는 콘셉트에서 반드시 검증하고자 하는 부분을 가능한 한 모두 포함하는 것이 좋다. 카이저 퍼머넨테 병원 프로젝트 팀은 프로토타입을 통해 의사와 진료소 직원들이 공동으로 사용해야 할 공간의 적정성을 검증하고자 했기 때문에 그 공간을 구성하는 주요 요소들을 프로토타입에 포함시켰다.

✚ 사용자 의견이 바로 반영될 수 있도록 가볍게 만든다

프로토타입은 그 제품(서비스)을 사용할 미래 고객들의 의견을 반영하기 위한 것이므로 사용자(고객)들이 볼 때 그들의 의견이 반영될 여지가 충분해 보이도록, 즉 약간은 허술하게 미완성 상태로 제작하는 것이 바람직하다. 무언가 흔적을 남기고 싶다는 느낌이 자동으로 들기 때문이다. 반대로 프로토타입이 세련되면 사람들은 이미 다 만들어졌다고 여기고는 그저 실행에 옮기기 위해 확인 도장을 받으려는 것이라고 생각하기 쉽다. 즉 프로토타입 제작자들이 피드백을 바라지 않는다고 판단해버린다.[24]

✚ 사용자 의견을 최대한 많이 듣는다

두 번째와 같은 맥락에서 프로토타입을 일단 제작한 다음에는 최대한 많은 고객들의 의견을 들어야 한다. 앞서 카이저 퍼머넌테 병원의 프로젝트 팀원들은 그들이 만들어놓은 사무실 공간에 기회가 있을 때마다 의사들과 진료소 직원들을 초대해서 직접 책상에 앉아보게 하고 싱크대에서 손을 씻는 척하도록 했다.

✚ 실제와 가깝게 만든다

당연한 말이지만 프로토타입은 최대한 프로젝트 팀이 최종적으로 개발하고자 하는 제품(서비스)과 가깝게 만들어야 한다. 카이저 퍼머넌테 병원의 프로젝트 팀은 사무실 공간을 설계하기 위해 사용자들에게 도면을 보여주거나 소규모 모형을 제작한 것이 아니라 회의실을 그 공간처럼 꾸몄다. 도면이나 소규모 모형은 실제처럼 보이지 않기 때문에 사용자의 미래 경험을 재현할 수 없고, 사용자 경험에서 나오는 생생한 피드백을 얻을 수 없다.

✚ 최소의 비용으로 만든다

프로토타입의 제작비용은 항상 최소화하는 것이 좋다. 프로토타입을 만드는 목적 자체가 콘셉트를 빠른 속도로, 여러 차례에 걸쳐 실험함으로써 보다 나은 최종 콘셉트로 발전시키는 것이기 때문이다. 카이저 퍼머넌테 병원의 프로젝트 팀이 사무실을 꾸밀 때 침대시트로 벽을 만들고, 골판지 상자로 컴퓨터를 대신하고, 창고에서 오래된 환자침대를 가져다 집어넣었던 사실을 기억하기 바란다.

무한도전 팀도 프로토타입 제작 단계에 이르렀다. 다만 무한도전 팀이 수행하는 프로젝트의 특성상 이 단계에서 무한도전 팀이 해야 할 작업은 특정한 프로토타입을 제작한다기보다는 콘셉트 개발 단계에서 그들이 구상했던 콘셉트를 가능하면 완벽하게 A마트 C매장에서 시범운영하는 일이었다.

먼저 무한도전 팀은 C매장이 위치한 D시에서 건장한 청년 알바생을 모집한다는 광고를 냈다. 총 20명이 지원을 했고 이중 5명을 선발했다. 알바생 경쟁률이 이렇게 높을 줄이야….

알바생들이 입을 유니폼은 기존 A마트 직원들이 입는 티셔츠에 "제가 도와드릴게요."라고 엉성하게(!) 쓴 띠를 걸치는 것으로 대신했다. '프로토타입 제작비용은 최대한 저렴하게'라는 원칙에 충실한 결정이었다. 그들이 쓰는 모자도 기존 A마트 직원들이 쓰는 모자를 구해서 나누어주었다.

세련된 매너를 교육시키는 일은 캐나다 코스트코를 직접 경험한 김태희 대리가 자청했다. 몸가짐, 면도, 두발, 말씨, 인사예절 등 세심한 부분까지 교육하고, 자연스럽게 행할 때까지 연습을 시키고, 서로에게 피드백을 주도록 진행했다.

믿음직스러운 이미지를 주자는 콘셉트를 위해서는 A마트 조끼를 추가로 지급하고 명찰도 마트 정규직원 것을 쓰게 했다. 몸이 조금이라도 불편해보이거나 아이를 데리고 와서 포장과 주차장까지의 이동이 자유롭지 못한 손님이 보이면 직접 주차장까지 카트를 밀고 가서 차에 싣는 것까지 돕도록 행동지침을 정해주고 시간이 많이 걸려도 괜찮음을 여러 번 강조했다. 또한 주차장까지 이동하는 동안 이 서비스에 대한 고객의 의견을 자연스럽게(!) 묻고 그밖에 불편한 사항도 조사해서 즉시 카드에 기록하도록 했다.

물건을 포장하는 방법은 C매장 고객만족 팀장이 담당해주기로 했다. 손님이 구입한 물건을 미리 준비한 포장박스 또는 고객이 가져온 에코백에 신속히 포장하는 일은 생각보다 쉽지 않았다. 알바생에게 예상하지 못했던 5시간의 유급(!) 포장 교육 시간을 투자해야만 할 정도였다. 어쨌든 목표 시간 내에 안전하고 보기좋게 포장한 알바생만을 통과시키는 혹독한 훈련의 시간을 가졌다.

　마지막으로 에코백을 가져온 고객에게는 A마트 로고가 붙어있는 사탕한 봉지를 선물하면서 "에코백을 챙겨오세요~!"라고 말할 것을 여러 번 강조했다. '건장한 알바생'이 투입되는 D데이는 마트가 가장 붐비는 토요일과 일요일로 정했다. 이러한 연습과 리허설 과정, 즉 프로토타입 제작 과정에서 추가적으로 나온 아이디어도 있었다.

— 알바생이 자신의 물건을 카트로 옮기는 일을 고객들이 의아해하지 않
　　도록 계산대 초입에 "건장한 알바생이 포장을 도와드립니다."라는 안
　　내문구를 게시하자는 의견이 나왔다.
— '건장한 알바생' 콘셉트를 실행에 옮긴 둘째날 알바생 한 사람이 재활
　　용 박스를 만드는 일을 한두 사람이 전담하는 것이 좋겠다는 아이디어
　　를 개진했다. 머리를 맞댄 결과, 재활용 박스의 크기를 대·중·소로 구
　　분하고 계산대에서 근무하는 사람과 재활용 박스 만들기를 전담하는
　　알바생 간의 소통은 손 신호로 하기로 했다. 박스 포장대에서 계산대
　　로 박스를 운반하는 일은 그때그때 상황에 맞춰 여유 있는 사람이 담
　　당하기로 했다.

이로써 무한도전 팀의 프로토타입 제작과 1차 시범운영은 마무리되었다.

STEP #10
테스트는 언제까지 해야 할까

— 검증과 보완하기 —

디자인 프로젝트라는 기나긴 항해의 마지막 여정은 프로토타입의 타당성을 검증하고 보완하는 작업이다. 이 검증과 보완 작업은 회사가 (또는 해당 프로젝트가) 이 작업을 위해 쓸 수 있는 시간과 비용이 허락하는 한 최대한 여러 차례 반복하는 것이 바람직하다. 왜냐하면 디자인 프로젝트가 이 단계를 거치는 이유 자체가 최종 제품(서비스)을 사용자(고객)에게 선보이기 전까지, 즉 시장에 출시해서 본격적인 판매를 개시하기 전까지 혹시라도 있을지 모르는 결함을 최대한 찾아내어 수정보완하는 것이기 때문이다.

프로젝트 팀이 개발한 해결방안은 — 아직까지는 — 잠재적 위험요소가 그야말로 다양하다. 제품의 성능이나 가격, 애프터서비스에 불만이 있을 수도 있고, 개발 과정에서 전혀 예상치 못했던 부작용이 발생할 수도 있다. 비용이 과다하게 발생하거나 물류 과정에서 전산 시스템이 장애를 일으킬 수도 있다. 그래서 '검증과 보완' 단계에서는 본격적으로 시장에 출시하기 전에 프로토타입을 최대한 실제 제품(서비스)과 유사하게 만들어서 잠재고객에게 사용토록 하고 이들의 의견을 충분히 반영해야 한다.

이 단계에서 유용하게 쓸 수 있는 도구에는 '학습을 위한 론칭 설계'가 있으며, 이를 활용하면 프로토타입의 검증 작업을 보다 효과적으로 진행할 수 있다. 또한 이를 활용하지 않을 때보다 명확한 목적과 계획을 가지고 프로토타입의 타당성을 검증할 수 있게 된다.

☆ 학습을 위한 론칭 설계 ☆

학습을 위한 론칭 설계		
제_차 학습을 위한 론칭	- 대상 집단(고객/이해관계자) : - 론칭 장소 : - 실감나도록 진행할 방법 : - 소요 예산 : - 시한 :	
이번 론칭에서 검증해야 할 아직 검증되지 않은 가정	성공 판단 지표/기준	실패 판단 지표/기준

검증과 보완 단계는 프로토타입에서 보완해야 할 사항을 가능한 한 많이 찾아내어 시장에 출시하기 전에 수정·보완하는 것이 목적이므로 다음의 유의사항에 각별히 주의를 기울인다.

— 대상집단, 론칭장소, 예산, 시한 등 론칭의 범위를 엄격하게 설정한다.
— 프로토타입 제작 단계에서 검증했어야 했음에도 아직 검증되지 않은 중요한 가정들을 찾아내어 이 가정들을 검증하는 데 세심한 주의를 기울인다. 특히 각각의 가정들에 대하여 시장의 반응이 어느 정도면 성공으로 판단하고, 어느 정도 이상(또는 이하)이면 실패로 판단할 것인지를 사전에 명확히 설정한다.
— 피드백 주기를 최대한 빠르게 운영하고 비용은 최소화한다.
— 학습을 위한 론칭에 참가하는 사람들이 최대한 실제 상황으로 느껴야 한다.[25]

무한도전 팀은 여러 차례 학습을 위한 론칭을 해보고 싶었지만 시간과 비용의 제약으로 두 차례 반복할 수 있었음에 감사해야 했다. 이들이 제1차 학습을 위한 론칭을 설계했을 때 작성했던 계획은 다음과 같다.

☆ 무한도전 팀의 제1차 학습을 위한 론칭 설계 ☆

'건장한 알바생 : 우리 마트 쿠팡맨' 콘셉트의 학습을 위한 론칭 설계

제1차 학습을 위한 론칭	<ul><li>대상 집단(고객/이해관계자) : 토요일과 일요일 혼잡 시간대의 고객</li><li>론칭 장소 : A마트 계산대 전역(5개 계산대)</li><li>실감나도록 진행할 방법 : 프로토타입 단계에서 교육받은 알바생 5명 실제 투입</li><li>소요 예산 : 1,050,000원(시급 7,000원, 5명, 5시간, 2~3주)</li><li>시한 : ○○○○년 ○○월 ○○일까지</li></ul>

이번 론칭에서 검증해야 할 아직 검증되지 않은 가정	성공 판단 지표/기준	실패 판단 지표/기준
<ul><li>알바생을 투입하면 계산대에서 고객의 대기시간이 줄어들 것이다.</li><li>알바생 5명이 계산대 5개를 소화할 수 있을 것이다.</li><li>고객들이 알바생의 도움을 고마워할 것이다.</li></ul>	<ul><li>평균 대기시간 감소율이 미투입의 경우보다 150% 이상일 경우</li><li>알바생 5명 중 4명 이상이 "문제없다. 할 수 있다"라고 대답할 경우</li><li>알바생 관련 고객 설문조사 결과 5점 만점에 4.5 이상일 경우</li></ul>	<ul><li>평균 대기시간 감소율이 미투입의 경우보다 120% 이상일 경우</li><li>알바생 5명 중 4명 이상이 "더 많은 사람이 필요하다"라고 대답할 경우</li><li>알바생 관련 고객 설문조사 결과 5점 만점에 3.5 이상일 경우</li></ul>

무한도전 팀은 두 차례의 학습을 위한 론칭을 무사히 마치고 그 결과를 담은 간단한 보고서를 만들어 스폰서인 공정한 전무를 만났다. 전무는 이들의 진심어린 노력과 체계적인 접근에 크게 기뻐했다.

A마트는 C매장에서의 경험을 토대로 전국에 흩어져 있는 30여 개 매장에 그들의 특성에 맞는 계산대에서의 고객만족을 위한 해결방안을 만들고 있다. 이로써 무한도전 팀과 독자 여러분의 디자인 프로젝트는 그 대장정을 무사히 마쳤다. 부디 지금까지 우리가 설명한 프로세스, 그리고 각 단계별 기법과 도구들이 유용하게 활용되기를 바란다.

찾아보기

참고문헌 · 출처

1. 진 리드카 · 팀 오길비 지음, 《디자인씽킹 경영을 바꾸다》, 김형숙 · 봉현철 옮김, 초록비책공방(2016) p.24~25

2. 진 리드카 · 앤드류 킹 지음, 《Solving Problems with Design Thinking》, 콜롬비아 유니버시티 프레스(2013)

3. 진 리드카 · 팀 오길비 지음, 《The Designing for Growth Field Book》, 콜롬비아 유니버시티 프레스(2014) p.9

4. 진 리드카 · 팀 오길비 지음, 《The Designing for Growth Field Book》, 콜롬비아 유니버시티 프레스(2014) p.8

5. 진 리드카 · 팀 오길비 지음, 《디자인씽킹 경영을 바꾸다》, 김형숙 · 봉현철 옮김, 초록비책공방(2016) p.99

6. 톰 켈리, 데이비드 켈리 지음 《유쾌한 크리에이티브》, 박종선 옮김, 청림출판(2014)

7. SNUH 건강소식 https://goo.gl/gGSVFR

8. 유병철 지음, 《디자인씽킹》, 한얼(2016) p.26~27

9. https://ko.wikipedia.org/wiki/망각_곡선

10. https://ko.wikipedia.org/wiki/호손_효과

11. 진 리드카 · 팀 오길비 지음, 《디자인씽킹 경영을 바꾸다》, 김형숙 · 봉현철 옮김, 초록비책공방(2016) p.162~166

12. 진 리드카 · 팀 오길비 지음, 《디자인씽킹 경영을 바꾸다》, 김형숙 · 봉현철 옮김, 초록비책공방(2016) p.159~160

13. 진 리드카 · 팀 오길비 지음, 《디자인씽킹 경영을 바꾸다》, 김형숙 · 봉현철 옮김, 초록비책공방(2016) p.167

14. 진 리드카 · 팀 오길비 지음, 《디자인씽킹 경영을 바꾸다》, 김형숙 · 봉현철 옮김, 초록비책공방(2016) p.167

15. 진 리드카 · 팀 오길비 지음, 《디자인씽킹 경영을 바꾸다》, 김형숙 · 봉현철 옮김, 초록비책공방(2016) p.167

16. 진 리드카 · 팀 오길비 지음, 《디자인씽킹 경영을 바꾸다》, 김형숙 · 봉현철 옮김, 초록비책공방(2016) p.172

17. 진 리드카 · 팀 오길비 지음, 《디자인씽킹 경영을 바꾸다》, 김형숙 · 봉현철 옮김, 초록비책공방(2016) p.173

18. 진 리드카 · 팀 오길비 지음, 《디자인씽킹 경영을 바꾸다》, 김형숙 · 봉현철 옮김, 초록비책공방(2016) p.173~179

19. 진 리드카 · 팀 오길비 지음, 《디자인씽킹 경영을 바꾸다》, 김형숙 · 봉현철 옮김, 초록비책공방(2016) p.175

20. 진 리드카 · 팀 오길비 지음, 《디자인씽킹 경영을 바꾸다》, 김형숙 · 봉현철 옮김, 초록비책공방 (2016) p.177

21. 진 리드카 · 팀 오길비 지음, 《디자인씽킹 경영을 바꾸다》, 김형숙 · 봉현철 옮김, 초록비책공방 (2016) p.182

22. 진 리드카 · 팀 오길비 지음, 《디자인씽킹 경영을 바꾸다》, 김형숙 · 봉현철 옮김, 초록비책공방(2016) p.219~220

23. 진 리드카 · 팀 오길비 지음, 《디자인씽킹 경영을 바꾸다》, 김형숙 · 봉현철 옮김, 초록비책공방 (2016) p.211

24. 진 리드카 · 팀 오길비 지음, 《디자인씽킹 경영을 바꾸다》, 김형숙 · 봉현철 옮김, 초록비책공방 (2016) p.216

25. 진 리드카 · 팀 오길비 지음, 《디자인씽킹 경영을 바꾸다》, 김형숙 · 봉현철 옮김, 초록비책공방(2016) p.254~260

디자인씽킹으로 일 잘하는 방법

초판 1쇄 발행 2018년 3월 30일
초판 4쇄 발행 2021년 10월 30일

지은이 김형숙, 김경수, 봉현철

기획 · 편집 도은주, 류정화
미디어 마케팅 초록도비

펴낸이 윤주용
펴낸곳 초록비책공방

출판등록 2013년 4월 25일 제2013-000130
주소 서울시 마포구 월드컵북로 402 KGIT 센터 921A호
전화 0505-566-5522 팩스 02-6008-1777

메일 greenrainbooks@naver.com
인스타 @greenrainbooks
포스트 http://post.naver.com/jooyongy
페이스북 http://www.facebook.com/greenrainbook

ISBN 979-11-86358-37-5 (03320)

* 정가는 책 뒤표지에 있습니다.
* 파손된 책은 구입처에서 교환하실 수 있습니다.

어려운 것은 쉽게 쉬운 것은 깊게 깊은 것은 유쾌하게

초록비책공방은 여러분의 소중한 의견을 기다리고 있습니다.
원고 투고, 오탈자 제보, 제휴 제안은 greenrainbooks@naver.com으로 보내주세요.